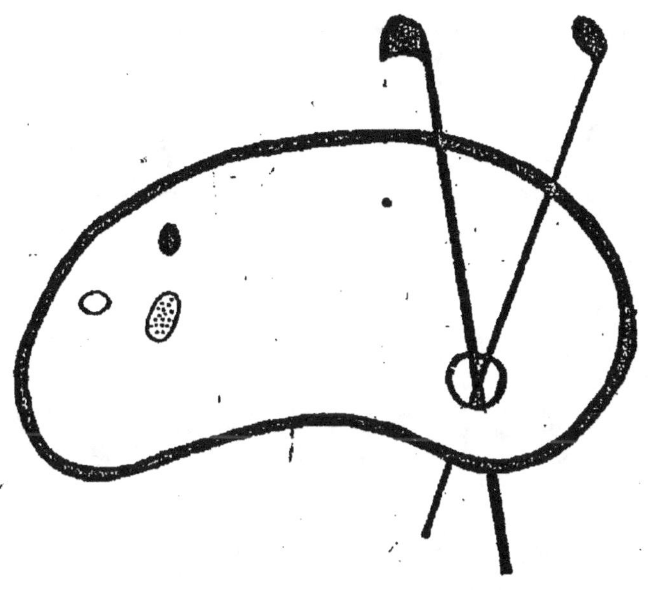

DEBUT D'UNE SERIE DE DOCUMENTS
EN COULEUR

HISTOIRE DES RELIGIONS

A. BROS

LA SURVIVANCE DE L'AME

chez les Peuples non civilisés

BLOUD & Cie

S. & R. 546

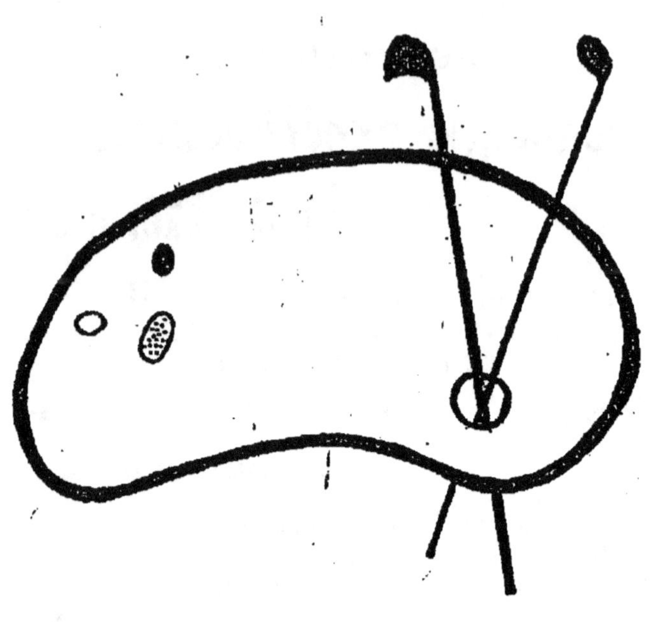

**FIN D'UNE SERIE DE DOCUMENTS
EN COULEUR**

La Survivance de l'Ame

chez les

Peuples non civilisés

PAR

A. BROS

PARIS

LIBRAIRIE BLOUD ET Cie

7, PLACE SAINT-SULPICE, 7

1 ET 3, RUE FÉROU. — 6, RUE DU CANIVET.

1909

Reproduction et traduction interdites.

DU MÊME AUTEUR

La Religion des peuples non civilisés. Librairie Lethielleux, in-8' écu .... **4 fr.**

MÊME SÉRIE

IMPRIMATUR

Meldis, die 5 februarii.

A. LAVEILLE,
Vic. gén.

TABLE DES MATIÈRES

CHAPITRE PREMIER

CHAPITRE II

PRÉFACE

Dans cette étude, qui a paru en substance dans la Revue du Clergé Français, nous nous proposons d'exposer les croyances des peuples non civilisés, concernant la vie future. Parmi les nombreux faits dont nous disposions, nous avons fait choix des plus sûrs et des plus significatifs. Ce sont ceux-là seuls que nous présentons au lecteur. Il nous a paru utile de signaler, chaque fois que nous en avons eu l'occasion, les coutumes funéraires des diverses religions antiques qui nous paraissaient offrir quelque analogie avec celles des peuples sauvages. Cette comparaison peut aider à découvrir la signification ou l'origine de certaines croyances décrites par les classiques.

On remarquera que nous avons pratiqué dans ce modeste travail la méthode comparative. Sans doute, on en a fait souvent un fâcheux emploi ; et on a assimilé des doctrines et des coutumes qui n'avaient entre elles aucun vrai rapport. La méthode n'est pas responsable de ces fautes. Elle a été pratiquée, dans un but apologétique, par les Pères de l'Eglise et en général par la tradition catholique. La philosophie discerne par des comparaisons prudentes ce qui, dans l'homme, est essentiel à l'âme même, ce qui au contraire est le produit du milieu, des circonstances, de la spontanéité individuelle. Nous espérons, de la même manière, établir dans ce rapide exposé que la croyance à la survivance de l'âme, inhérente à l'esprit humain, se retrouve chez les peuples même les moins cultivés.

A. Bros.

La survivance de l'âme
chez les peuples non civilisés.

Le problème de la mort est un de ceux qui ont le plus universellement préoccupé l'humanité : les peuples non civilisés ne sont pas plus que nous étrangers à l'horreur du tombeau et ils ont parfois, par des mythes grossiers, tenté l'explication de cette douloureuse fatalité (1). D'instinct il leur semble que l'homme ne devrait pas mourir. Le même sentiment s'exprime dans les cérémonies consécutives à la mort. Pour eux, comme pour nous, la vie ne se termine pas à la tombe. On a, il est vrai, contesté l'universalité de cette croyance à la vie future chez les sauvages. Certaines paroles rapportées par des missionnaires et des explorateurs ont pu faire penser que, par exemple, les Tasmaniens, les Hottentots, les Cafres, les Esquimaux de la baie d'Hudson, etc., ne croyaient pas à une autre vie ; mais les paroles citées ne sont pas explicites et les cérémonies des funérailles, célébrées dans les mêmes contrées, montrent qu'il n'en faut tenir aucun compte (2). Dans des recherches telles

(1) Nous en avons cité quelques-uns dans *La Religion des non-civilisés*, p. 257 sq.

(2) Ainsi pour les Tasmaniens, CLARKE a écrit : « Ils croient mourir comme les kangourous. Nous savons cependant que, chez eux, le mort a une sorte de vertu curative : on dépose près de lui le malade, afin que l'esprit, qui n'a pas quitté encore le cadavre, chasse le mauvais esprit, cause de la maladie. » De même CAMPBELL dit des Hottentots : « Ils croient mourir tout entiers comme des bêtes. » (*Hist. des voy.*, XXIX, 340.) Cependant nous savons que les Hottentots font sur les tombes des offrandes alimentaires et parfois des sacrifices humains, qu'ils y versent de l'eau pour rafraîchir les esprits qui y résident, qu'ils abandonnent la maison où un homme est mort, dans la crainte de rencontrer son fantôme. « Ils croient qu'après la mort

que celles qui nous occupent, il est facile de se méprendre. « Il est douteux, dit Tylor, que la psychologie primitive contienne l'idée *absolue* de l'immortalité de l'âme, car le passé et l'avenir n'offrent à l'esprit sauvage qu'un vague complet dès qu'il veut quitter le présent pour les explorer (1). »

Il ne faut pas, en effet, demander à ces peuples barbares la précision de nos croyances ; chez des esprits aussi grossiers, peu habitués à l'abstraction, n'ayant pour s'exprimer qu'une langue imparfaite, privés depuis longtemps du secours de la Révélation chrétienne, on ne peut guère s'attendre à découvrir l'idée de l'immortalité de l'âme, telle que nous la possédons, nous catholiques, héritiers de l'évangile et de la philosophie scolastique. Vouloir retrouver chez eux nos idées serait s'exposer à une méprise ou à une déception. Nous essaierons donc au cours de cette étude de comprendre comment, avec leur imagination, leur cœur et leur raison, ils ont conçu la survivance après la mort. Pour en rendre l'exposé plus accessible, nous envisagerons cette conception sous deux aspects : 1° nous constaterons tout d'abord que les non-civilisés croient à une autre vie ; 2° nous examinerons quelle idée ils se font de l'existence par delà la tombe et nous essaierons d'établir les fondements qu'ils donnent à leur croyance.

tout est fini », écrit un missionnaire (*Missions catholiques*, 29 juillet 1881, p. 354), en parlant des Ogboni. Le même remarque qu'ils déposent des offrandes sur la pierre mortuaire. Certaines affirmations sont plus vagues encore, telle celle que nous lisons sur les Noubas de l'Afrique centrale : « Ils n'ont aucune notion certaine (?) de la vie future. » (*Missions cath.*, 16 oct. 1874.) En ce qui concerne l'Afrique équatoriale et, en particulier, les Cafres, cf. *Missions catholiques*, 1883, 7 déc. et sq. On pourrait faire des remarques analogues pour les divers pays. LUBBOCK, dans ses *Origines de la civilisation*, p. 231 et sq., nous semble avoir mal compris le problème. BOURDEAU également dans le *Problème de la mort*, p. 28, Alcan, 1904.

(1) *Civilisation primitive*, t. II, p. 28. C'est nous qui soulignons.

CHAPITRE PREMIER

La survivance de l'âme.

Pour savoir si le non-civilisé croit à une survie, ne l'interrogeons pas, cela est malaisé et pourrait donner lieu à des méprises. Voyons-le agir, examinons les rites dont chez lui la mort est l'occasion ; ils manifestent dans un langage précis, observable pour tous, le fond de sa croyance. Suivons avec curiosité : 1) son attitude en face de la mort et du cadavre ; 2) ses habitudes de deuil ; 3) ses rites funéraires et son culte des morts.

*
* *

§ 1. *La mort et le cadavre.* — On sait l'idée que se fait généralement de la *mort* le non-civilisé. Elle est pour lui, le plus souvent, la sortie de l'esprit (ou des esprits) qui animait le corps. L'esprit peut s'écarter temporairement du corps ; pour les sauvages, le sommeil, les rêves ne sont pas autre chose. La mort est la sortie indéfinie. Elle se distingue du sommeil parce qu'elle est perpétuelle, elle est le sommeil dernier, durable, définitif. Aussi, tant que vit le malade, s'efforce-t-on d'empêcher ce départ. Tantôt, comme chez les Itonamos (Amérique du Sud), dans l'île de Nias, chez les Esquimaux, dans la Nouvelle-Calédonie (1), on bouche ou l'on cachette toutes les ouvertures du corps, par lesquelles on présume que l'âme pourrait s'échapper (2) ; tantôt on garnit ces mêmes ouvertures d'hameçons, comme à Célèbes ; ou bien on se contente, comme chez les Mongols, de faire

---

(1) Cf. *Ann. Pr. Foi*, n° 179, p. 366, n° 193, p. 439.

(2) En Chine, pour le même motif, on ferme les portes, les fenêtres et jusqu'aux tuyaux qui servent de cheminées. Les syncopes qui précèdent la mort sont considérées comme des tentatives que fait l'âme pour prendre la fuite. Cf. Huc, *L'Empire chinois*, t. II, p. 240.

peur à l'âme, en narrant les tourments que l'on endure lorsque l'on sort du corps, afin de l'engager à y rester. Toutes ces pratiques le prouvent : pour le non-civilisé, la mort est bien la sortie de l'esprit.

La mort une fois survenue, le *cadavre* est de la part du sauvage l'objet de préoccupations nombreuses ; nous allons suivre les divers soins dont il est entouré jusqu'à la sépulture définitive. Le non-civilisé pense, à peu d'exceptions près, que l'esprit n'est pas encore très loin, que, s'il n'habite pas dans le cadavre, il est du moins dans la chambre mortuaire, qu'en tout cas son sort est intimement lié au sort du cadavre. On fait parfois des efforts pour le faire rentrer dans le corps. Les Mongols tendent une corde pour lui indiquer le chemin du retour Les sorciers Dayaks le saisissent avec des hameçons. Les Célestes et les Annamites l'appellent ou le prient de revenir. Le temps, pendant lequel l'esprit est très voisin du cadavre, si même il ne l'habite pas encore, est très variable : chez les Ban-hars, « après la cessation de la vie, l'âme et le corps restent unis dans la tombe où ils demeurent enfermés pendant un an » : aussi les nourrit-on par festins mensuels jusqu'à le seconde inhu-mation (1). A Chittagong, on le croit présent dans la chambre mortuaire pendant sept jours, même après l'enterrement (2), et on a soin de lui donner à boire. Ordinairement cet état se prolonge pendant tout l'in-tervalle qui sépare la mort de l'enterrement définitif (3). Or ce dernier est très souvent reculé jusqu'après la décomposition complète du cadavre. Chez les non-civi-lisés, la mort n'est pas l'affaire d'un moment, l'âme semble se libérer peu à peu de l'attache au corps, et il est frappant que pour eux cette libération dépend sou-vent de la durée de la dissolution des chairs. Ainsi, chez les Indiens de la Guyane, on apporte à manger aux morts tant que la chair reste adhérente aux os ; dès que

____

(1) *Missions catholiques*, 1887, p. 501.
(2) *Id., ibid.*, 1881, p. 507.
(3) « Ils sont persuadés, écrit le P. CHARLEVOIX, que l'âme demeure auprès du cadavre jusqu'à la fête des morts. » *Voyage en Amérique*, t. VI, p. 75.

le squelette est décharné, on s'en abstient : l'esprit est
censé parti au loin. On fait de même chez les Aïnos,
à Célèbes. Chez les Tchérémisses (Finlande), on ne
nourrit le mort que pendant quarante jours (1). Les
Indiens Matacos ont des croyances analogues. Aussi
l'enterrement définitif ne se fait guère qu'après cette
décomposition (2). Dans certains pays, on se borne à
attendre qu'elle soit accomplie, en conservant le corps
chez soi comme en Indonésie (3), dans l'Amérique du
Nord, etc. Ailleurs on provoque une décomposition plus
rapide en l'exposant en plein air : cet usage est répandu
dans le centre australien, chez certains Papous, chez
divers Bantous dans la Polynésie, chez certaines tribus
de l'Amérique du Nord (4).

Ou bien sans attendre aussi longtemps, on provoque
violemment la sortie définitive de l'esprit en ouvrant le
crâne, le ventre, en coupant les cheveux, en brisant les
os et, en particulier, le radius (5). Un procédé plus cou-
rant pour favoriser cette séparation du corps et de l'âme
est celui que l'on a appelé la *sépulture provisoire*. Elle
consiste à faire subir au cadavre un premier enterrement de plus ou moins longue durée, on retire ensuite
les ossements pour les réenterrer définitivement et en
grande cérémonie. Le P. Lafiteau avait remarqué la

(1) Quarante jours s'écoulaient entre la mort des anciens rois en
France et les funérailles, pendant lesquels on servait à manger au
roi défunt, représenté en effigie. Sur toute la bibliographie concernant
les doubles sépultures, cf. HERTZ, *La représentation collective de la
mort. Année soc.*, 1907. L'article est surtout renseigné sur l'Indonésie.
Et A. VAN GERMEP : *Les rites de passage.* Nourry, p. 210, sq.

(2) Dans la Nouvelle-Calédonie, on le fait un an après, « quand les
chairs sont entièrement consumées ». *Miss. cath.*, 1880.

(3) Chez les Célestes, du temps de Marco Polo, on gardait le cercueil pendant six mois dans la maison ; actuellement, on le garde trois
mois seulement. Cf. BOUINAIS et PAULUS, *Le culte des morts dans
l'Empire Céleste et l'Annam*, p. 81.

(4) CHATEAUBRIAND la décrit magnifiquement dans l'épilogue d'*Atala*,
édit. Furne, t. III, p. 427. On peut rapprocher cette coutume de celle
des Parsis : on sait que dans les *dakhmas*, « tours de silence », ils
laissaient les corps à décharner aux oiseaux de proie. Primitivement
on les recueillait pour la sépulture définitive, cette œuvre accomplie ;
aujourd'hui on les jette dans la fosse centrale du dakhmas dès qu'ils
sont décharnés. Cf. MÉNANT, *Les Parsis*, p. 214 sq.

(5) Cf. SPENCER and GILLEN, *Northern Tribes of Central Australia*, p. 559 et sq.

fréquence de cette coutume ; il écrivait en 1724 :
« Parmi la plupart des nations sauvages, les corps morts
ne sont que comme en dépôt dans la sépulture où on les
a mis en premier lieu. Après un certain temps, on leur
fait de secondes obsèques et on achève de s'acquitter
envers eux de ce qui leur est dû par de nouveaux devoirs
funéraires (1). » Ces doubles enterrements sont en effet
très répandus. On en a constaté l'existence dans l'Archipel malais, chez les Dayaks, au Dahomey, chez les
Fangs (2), au Bénin (3), pour les rois surtout (4) ; chez
les Ban-hars, dans la Nouvelle-Calédonie, chez les
Hovas, etc. L'histoire des religions anciennes et même
la préhistoire ne les ont pas ignorés : ils se pratiquaient
et avaient la même signification chez les Égyptiens,
avant ou même après la découverte de la momification ;
le texte d'une pyramide serait très explicite à ce sujet.
L'âme ne descend vers la Daït qu'après le dernier enterrement. Le démembrement du corps et du squelette
a dû avoir pour but la libération de l'âme de toute attache terrestre. C'est du moins l'explication qu'en donne
Wiedemann en ce qui concerne l'Egypte préhistorique
telle que nous l'ont décrite les travaux de MM. Petrie,
Legrain, De Morgan et Amelineau (5). Des fouilles
nous ont révélé la même coutume dans la préhistoire de

(1) *Mœurs des Sauvages américains*, I, II, p. 414.
(2) *Missions catholiques*, 1874.
(3) Cf. *Missions catholiques*, octobre-novembre, 1898.
(4) « Au service anniversaire dans beaucoup de pays Bantous, surtout
vers la Côte occidentale, la tête du mort est détachée, nettoyée,
peinte en rouge et renfermée dans une boîte d'écorce qu'on dispose
dans une sorte de petite niche de la case où elle est surmontée d'une
statuette de bois. » Mgr Le Roy, *La Religion des Primitifs,* Paris, 1909.
(5) Mariette, *De l'âge de la pierre en Egypte*, 1870. De Morgan,
Recherches sur les origines de l'Egypte, 2 vol. 1896-1897. J. Capart,
Notes sur les origines de l'Egypte. Amélineau, *Prolégomènes à
l'étude de l'histoire de la Religion égyptienne*, p. 465. Naville, *La
Religion des Anciens Egyptiens*, 49 sq. Cf. sur la préhistoire égyptienne, outre les ouvrages spéciaux, A. Moret, *Au temps des Pha-
raons*, Paris, 1908, surtout le ch. III. Cf. aussi le bon résumé de
M. A.-J. Reinach, *L'Egypte préhistorique*, Paris, 1908. M. Salomon
Reinach explique autrement que M. Wiedemann le démembrement
du cadavre et des objets qui l'entourent ; il serait inspiré par le désir
de donner au mort « homme brisé, des objets brisés aussi ». *Mythes,
Cultes et Religions*, t. III, p. 154-155. M. Petrie y voyait bien à tort
des restes de cannibalisme.

Canaan (1), de la Gaule (2), peut-être de la Grèce (3) et Oldenberg lui fait une place dans l'Inde védique (4).

Un usage plus connu, et qui a reçu au cours des temps des explications diverses, est l'incinération. Le plus souvent, chez les sauvages, elle était destinée également à libérer l'esprit du cadavre. Il en était ainsi dans l'Amérique du Nord et du Sud chez les Bororos du Brésil (5), chez les Tahkalis, aux îles Salomon, etc., et il semble certain que dans l'Inde védique (6) et dans la Grèce de l'époque homérique (7) c'était par l'incinération du cadavre que l'âme était enfin introduite dans le ciel. Chez les Sémites, on brûlait parfois les morts (8), on était plus préoccupé, remarque le Père Lagrange, « d'accélérer que de retarder le travail de la nature » (9). Chez les Slaves, il en était de même, l'âme errait d'arbre en arbre jusqu'à ce que le cadavre fût brûlé. D'ailleurs il existe des for-

(1) Cf. *Canaan d'après l'exploration récente du* P. VINCENT, p. 274.

(2) Cf. DÉCHELETTE, *Manuel d'archéologie préhistorique*, p. 467. Les raisons qui font admettre au savant archéologue l'existence en préhistoire du décharnement présépulcral sont les suivantes : « 1° Les mêmes coutumes existent chez un grand nombre de peuples de l'Ancien et du Nouveau Monde ; 2° certains coffres en pierre contenant des ossements humains rassemblés « en paquet » ont des dimensions trop faibles pour recevoir un cadavre entier même replié ou accroupi ; 3° La coloration partielle de certaines parties des squelettes néolithiques, plusieurs fois constatée, vient encore à l'appui de ces conjectures », p. 469-470. Cf. aussi RENEL, *Les Religions de la Gaule avant le Christianisme*. M. Salomon REINACH a expliqué par le démembrement des objets, les épées tordues trouvées dans les sépultures gauloises. Cf. *Cultes*, etc., t. III, p. 140 sq.

(3) Cf. POTTIER et REINACH, *La Nécropole de Myrina*, p. 103. Du moins les objets placés dans la tombe étaient démembrés.

(4) *La Religion du Veda*, p. 475.

(5) La famille doit venir arroser le corps afin d'en activer la décomposition, on ne l'enterre qu'après la putréfaction complète, et non sans avoir fait subir aux ossements un grattage préalable. *Bulletin Salésien*, oct. 1908. *Id., ibid.*, février 1909, p. 42.

(6) Cf. les prières faites au moment de l'incinération, OLDENBERG, *op. cit.*, p. 490.

(7) Cf. *Iliade*, XXII, 358 ; *Odyssée*, XI, 73. Les Grecs n'ont pas toujours pratiqué cette coutume funéraire, ils ensevelissaient primitivement leurs morts. C'est pour hâter la délivrance du mort et préserver les vivants de son atteinte qu'ils auraient adopté l'incinération. Cf. G. PERROT. *La Religion de la mort et les rites funéraires en Grèce*, *R. des Deux-Mondes* 1895, t. 132, p. 109. sq. Cf. *Iliade*, XXIII, 71-74 ; *Odyssée*, XI, 218-221. La Bretagne préhistorique pratique aussi l'incinération, Cf. DÉCHELETTE, *op. cit.*, p. 467.

(8) Cette crémation était imparfaite le plus souvent. Cf. MASPERO, *Histoire ancienne*, I, p. 687.

(9) *Etudes sur les Religions sémitiques*, p. 328.

mes intermédiaires entre l'enterrement provisoire et l'incinération : parfois l'incinération est précédée de l'inhumation, comme dans la Caroline du Sud. Le mode le plus curieux de dissolution du cadavre est certainement celui que l'on désigne sous le non d'endo-cannibalisme. On entend par là la consommation rituelle dans un repas, de tout ou partie des chairs des parents morts. Le sentiment qui provoque des actes si répugnants est celui de faire parvenir les os du défunt à l'état définitif, d'assurer au mort une sépulture honorable, parfois aussi celui de s'assimiler un peu de son esprit et de sa force. Spencer et Gillen ont constaté des exemples très frappants de cette pratique dans de nombreuses tribus de l'Australie centrale (1) ; on l'a découverte récemment dans l'Ouganda au pays des Boukedlis ; elle existait aussi chez les Battas, chez certaines peuplades brésiliennes, dans l'Amérique du Sud, chez les Botocudos, les Bantous et chez divers peuples de l'antiquité (2). A Bornéo, dans l'Archipel malais, on se contente de mêler le produit de la décomposition à la nourriture des parents. Ces divers coutumes semblent toutes avoir pour objet, originairement du moins, de dégager l'esprit du mort en hâtant la disparition du cadavre.

L'importance qu'on attache à l'accomplissement de ces cérémonies souligne les nécessités auxquelles on obéit. Elles semblent être de deux sortes : d'abord, écarter du mort les mauvais esprits, ensuite se préserver soi-même de la mauvaise humeur du défunt. C'est sans doute le premier sentiment qui a provoqué la coutume de fermer les yeux et les diverses ouvertures du corps, aussitôt après la mort : on espère ainsi empêcher les mauvais esprits d'entrer dans le cadavre et d'y atteindre

<hr>

(1) *Northern Tribes*, p. 608... 549, 554. Cf. aussi Howit, 749 sq.
(2) Cf. Lucien, *Du Deuil* ; Hérodote ; I, 216, III, 18 ; Strabon, I, xi ; Eusèbe, *Præparatio evangelica*, I, IV. On fait aussi parfois dévorer le cadavre par des chiens : *Bactriens, Hyrcaniens*, etc. Cf., pour les anciens, les textes cités plus haut. Mgr Le Roy écrit au sujet des Bantous : « Ailleurs on abandonne les morts aux hyènes, qui deviennent alors des bêtes sacrées ; ailleurs on les jette à l'eau; ailleurs enfin, on les mange. » *La Religion des Primitifs*, p. 151.

l'âme (1) ; parfois on place pour garder les ouvertures des objets magiques, des pièces de monnaie, de métal, des amulettes, des perles, des grains divers (2) ; c'est le même désir de protéger l'âme du mort qui pousse les survivants à faire du bruit, des veillées (3), des illuminations autour du cadavre. Chez les Angouis, près du lac Nyassa, on tire des coups de fusil, ont bat le tambour pour les écarter ; chez les Ouitscha, on célèbre, pour tromper leur malfaisance, de faux enterrements. Dans la Nouvelle-Galles, en Australie, on fait de même. En Chine, pendant le trajet de l'enterrement, deux guerriers ont pour fonction de les chasser du cadavre, et l'on jette à terre du papier monnaie ; pendant qu'ils s'en emparent, le cadavre peut passer inpunément (4). Les prières du Rig Véda contiennent des incantations funéraires contre les démons (5), et chez les Parsis, une cérémonie dite « le regard du chien » a pour but de les écarter (6).

Mais si cette période de transition avant l'enterrement définitif est dangereuse pour l'âme du mort à raison de la mauvaise influence des esprits, elle ne l'est pas moins

---

(1) ROHDE donne une autre explication (*Psyché*, p. 23) : l'esprit sorti, fermer les yeux, c'est l'empêcher de rentrer et favoriser sa libération définitive, partant son bonheur. On y a vu aussi (BUDDE) le désir de retenir l'âme dans le corps. Le P.P. JAUSSEN écrit des Arabes : « On ferme d'abord toutes les ouvertures du corps afin de le conserver pur, disent quelques-uns, pour empêcher les *ginns* de s'en emparer, prétendent les autres. » *Coutume des Arabes au pays de Moab*, p. 97, Paris 1908.

(2) Chez les Phéniciens, ont fermait les ouvertures du mort et particulièrement les yeux avec des lames d'or. Chez les Célestes et les Annamites, on met dans la bouche du mort trois sapèques, un petit lingot d'argent, ou un petit grain de riz ou de thé comme rançon payée aux mauvais esprits ; pour ces derniers. Cf. BOUINAIS et PAULUS, *op. cit.*, p. 78, et *Missions catholiques*, 1872 p. 305.

(3) Dans la Nouvelle-Calédonie, on veille le cadavre pendant la durée qui sépare le premier enterrement du second « pour empêcher que le génie malfaisant qui a fait mourir celui qu'ils pleurent ne vienne encore exercer ses dernières fureurs sur son cadavre. » *Missions catholiques*, 1880, p. 365.

(4) BOUINAIS et PAULUS, *op. cit.*, p. 82 ; *Missions catholiques*, 1872.

(5) OLDENBERG, *op. cit.*, p. 490.

(6) « Quand l'âme est censée sortir du corps, on fait le *sag-dig*, en présentant un chien au moribond, et pour que l'animal dirige sa vue sur lui, on jette du pain de son côté ». ANQUETIL-DUPERRON, cité par MÉNANT, *Les Parsis*, p. 181 Ce chien est un chien tacheté au-dessous des yeux.

pour les survivants qui sont en butte à la mauvaise humeur du disparu. L'âme de ce dernier, en effet, est dans une situation difficile. Elle est alors comme en marge de deux mondes : elle n'est déjà plus tout à fait sur terre, elle n'est pas encore dans la vie définitive. N'ayant pas de place fixe, elle ne sait où se reposer ; elle est condamnée à errer un peu partout, malfaisante et inquiète. Cet état de l'âme avant la sépulture définitive paraît tellement malheureux aux Chinois, que, lorsqu'ils s'expatrient, ils ont bien soin de garantir par un contrat le retour de leur dépouille dans leur patrie et qu'ils préfèrent parfois la peine capitale suivie de l'inhumation rituelle à une peine moins rigoureuse à nos yeux (1). Les Grecs et les Romains avaient des craintes analogues, et la prière d'Hector à son vainqueur pour implorer les cérémonies funèbres montre bien, par la vivacité d'émotion qu'elle exprime, qu'il craint moins la mort que la privation de sépulture ; il y va pour lui du repos et du bonheur définitif (2). Dans Sophocle, Antigone affronte la mort afin que son frère ne reste pas sans sépulture. On connaît l'affaire des Arginuses. Il en est encore ainsi chez les sauvages. Dans la Nouvelle-Zélande, les âmes privées de sépulture continuent à errer méchantes et redoutables, et il faut user de sortilèges pour les ramener dans l'enceinte consacrée aux morts. Les Iroquois de l'Amérique du Sud croient les esprits très malheureux tant que les funérailles ne sont pas accomplies. On trouve des croyances analogues dans l'Asie méridionale, en Australie, etc. Chez certaines tribus de cette dernière contrée, les esprits mauvais ne sont autres que les âmes privées de sépulture.

Le mécontentement des âmes avant l'enterrement se manifeste de diverses façons qui toutes sont importunes

---

(1) BOUINAIS et PAULUS, *op. cit.*, p. 35.
(2) Les textes principaux se trouvent indiqués dans FUSTEL DE COULANGES, *La Cité antique*, liv. I, chap. I. Cf. la description de ces âmes errantes dans LUCIEN, *De Luctu*. DE RIDDER, *De l'Idée de la mort en Grèce à l'époque classique*, p. 48 sq., montre bien que c'est l'idée religieuse qui préside à tous les soins donnés au cadavre à l'époque classique. « Toutes ces cérémonies propitiatoires n'avaient d'autre but que de se concilier la faveur de cet être que l'on craignait, donc en qui l'on croyait » (p. 49).

aux vivants. La plus commune et la moins terrible est
l'apparition des fantômes qui effraient les parents (1) ;
mais l'esprit du mort est souvent plus redoutable ;
jaloux du bonheur des survivants, il essaie de les
entraîner avec lui, de les associer à son tourment en
leur ravissant leur âme. Aussi la veillée des morts
n'est-elle pas sans danger. Les Esquimaux qui pleurent
un mort se bouchent les narines avec de la peau de
daim, du crin ou du foin pendant plusieurs jours, pour
empêcher leur âme de suivre celle du défunt (2). Ceux
qui habillent le cadavre font de même. En divers
endroits, afin de tromper l'esprit du mort, on entoure
de poupées le chemin qu'il est censé parcourir, espérant
qu'il emportera les poupées et laissera les vivants en
paix. A Tahiti, dans le même dessein, on met sous les
bras du défunt des feuilles do bananier que l'on nomme
tout haut, la femme, la fille, le père, la mère du
défunt (3). Le même sentiment de crainte fait éviter de
prononcer, pendant un certain temps, le nom du mort,
car, par un effet magique, le nom rend présent l'indi-
vidu qui le porte. Chez certaines tribus de Victoria, il
est défendu de nommer le mort pendant toute la période
du deuil. Dans la tribu de Port-Lincoln, cette défense
se prolonge pendant plusieurs années. Dans l'Amérique
du Nord, il en est de même, chez les Minoïks, et le
P. Charlevoix a fait des remarques analogues pour
certaines tribus de la Nouvelle-France (4). Souvent
cette prohibition ne dure que pendant le temps qui
sépare la mort de la sépulture définitive ; il en est ainsi
par exemple, dans l'Australie méridionale et centrale.
Les coutumes des Aruntas sont frappantes sur ce point.
C'est après une battue dans le bois, dans laquelle
on captive l'esprit du mort, que ce dernier est déposé

(1) Cf. dans PLINE LE JEUNE, une histoire curieuse de revenant
qui se termine par la sépulture, liv. VII, 27.
(2) Cf. faits cités par FRAZER. *Le Rameau d'or*, I, ı, p. 187.
(3) Au Gabon, on cache les morts dans le but de « dérouter
l'ombre du défunt, de la fixer à jamais sous son ruisseau et de
l'empêcher de troubler l'existence de ceux qu'il a connus. » *Missions
catholiques*, 1898, p. 239, Mgr LEROY.
(4) *Histoire de la Nouvelle-France*, I, vı, p. 109.

dans son tombeau ; alors cesse le deuil et la crainte du mort, on peut prononcer le nom de ce dernier : cette cérémonie n'a lieu que près de deux années après le décès (1).

Enfin se fait la sépulture définitive ; la translation des restes du défunt au tombeau change la condition de vie et donne à son âme le repos. Diverses cérémonies témoignent de cette heureuse issue. C'est une fête dans l'Archipel malais. Après avoir soigneusement lavé (2) et dénudé les ossements, on les enveloppe avec respect, signifiant par ces actes que le défunt est désormais entré dans une nouvelle vie. Immédiatement après on se livre à des cérémonies joyeuses. A Célèbes, on chante et on danse. Les ossements et l'esprit du mort ne sont plus désormais aussi dangereux, car son âme est en paix. Les réjouissances qui suivent l'enterrement définitif et qui sont accompagnées de sacrifices divers faits aux morts et sur lesquels nous aurons occasions de revenir, sont parfois si coûteux, que l'on attend longtemps pour les entreprendre. Au Dahomey, les funérailles définitives de cinq rois furent faites à la fois en 1875 (3). Chez les Hurons, l'enterrement définitif se célébrait tous les dix ou douze ans, et il se faisait en groupe. Chaque famille, déterrant ses morts, nettoyait leurs ossements, les ornait ; la cérémonie était collective pour toute la tribu et une fête la suivait. Il en était de même chez les Natchez. Chez les Ouraous, l'enterrement définitif de tous les morts de la tribu se faisait chaque année comme chez les Y-jen

(1) Spencer and Gillen, *Natives Tribes of Central Australia*, p. 498-508.

(2) Le lavage du corps est très usité. Les Arabes ont bien soin de ne le pratiquer qu'au moment même de la sépulture. « L'essentiel pour le nomade est de déposer en terre un cadavre bien propre. » Jaussen, *op. cit.*, p. 97. Cf. aussi A. Bel, *La population musulmane de Tlemcem* dans *Revue des Etudes ethnographiques et sociologiques* 1908, p. 20, 21. C'était une coutume très usitée dans l'ancienne France. Cf. Grégoire de Tours, *Historia Francorum*, IV, 5. *De gloria confessorum*, CIV, etc.

(3) Cf. *Annales de la Propagation de la Foi*, 1851, p. 152 sq., et *Missions catholiques*, n° 311, p. 614-627. Au Dahomey, au Bénin, en Nouvelle-Calédonie et dans beaucoup d'autres endroits, la sépulture définitive a surtout pour objet la tête, que l'on détache du corps.

en Indo-Chine et en Nouvelle-Zélande (1). Souvent aussi la sépulture est commune ; chaque clan possède son ossuaire, comme cela a lieu dans l'Australie centrale, dans l'Amérique du Nord, chez les Natchez, etc. C'est alors la demeure des ancêtres, et souvent c'est d'eux que viennent les âmes des enfants (2). D'ailleurs ce dernier enterrement ne se fait pas sans que l'on avertisse le défunt.

En Chine, avant d'enlever le cadavre de sa tombe provisoire, on l'en informe. « La route est prête, lui dit-on, on est sur le point de vous enlever pour vous enterrer dans un endroit tranquille (3). » Ailleurs on lui fait des adieux solennels : la veuve vient s'asseoir près du cercueil, chez les Olo-Ngadju, et dit au défunt : « Tu es encore pour peu de temps parmi nous, puis tu t'en iras vers le lieu agréable où demeurent nos ancêtres (4). » Dans l'île de Nias, la veuve appelle le mort et lui dit : « Nous venons te chercher, t'emmener hors de la hutte solitaire et te conduire dans la grande maison (des ancêtres) (5). » Enfin les sacrifices faits, les offrandes répandues, le tombeau fermé, l'âme est vraiment délivrée, les ossements ne sont plus aussi dangereux, le deuil cesse, la vie des parents reprend son cours normal ; même lorsque les secondes obsèques ont subi une régression ou se sont confondues avec les premières, la cérémonie funèbre a ce caractère de donner aux esprits défunts le grand repos.

Nous conclurions volontiers ce paragraphe sur les soins donnés au cadavre par ces paroles de De Ridder : « Le bain suprême par lequel on purifiait le cadavre, l'huile dont on l'oignait, la parure de fête dont on le revêtait pour l'exposition funèbre, tous les détails minu-

____

(1) Cf. *Missions catholiques*, 1883, 1877, etc.
(2) Les « fosses à os » se retrouvent partout dans l'Amérique du Nord et dans la préhistoire des diverses contrées : Canaan, etc. On constate généralement que la sépulture n'y a été faite qu'après dissection préalable. Des ossuaires modernes se trouvent en Grèce, en Bretagne, etc. Cf. RENEL, *op. cit.*, p. 375 ; DÉCHELETTE, *op. cit.*, p. 390, sq ; P. VINCENT, *op. cit.*, p. 205 sq.
(3) BOUINAIS et PAULUS, *op. cit.*, p. 119.
(4) Cité par HERTZ, *loc. cit.*, p. 92.
(5) *Id., ibid.*, p. 90.

tieusement réglés des funérailles n'avaient de sens que si le cadavre inerte et insensible représentait aux yeux des assistants un être dont ils ignoraient l'exacte nature, mais dont ils ne niaient pas l'existence (1). » Plus encore, s'il est possible, que les cérémonies grecques, les divers soins dont les sauvages entourent le cadavre jusqu'à sa sépulture définitive témoignent qu'ils croient à la survivance mystérieuse du mort.

*
* *

§ 2. *Le deuil.* — L'idée que l'on se fait de la survivance du mort et que nous avons essayé d'indiquer jusqu'ici a provoqué diverses coutumes que l'on groupe ordinairement sous la énomination de *deuil.* M. Frazer a pensé qu'elles devaient s'expliquer par la crainte de l'esprit du défunt ; il serait difficile de plier à cette conception toutes les habitudes actuelles des divers pays, mais il est bien vraisemblable que la plupart aient eu cette origine. En tout cas, chez les non-civilisés, les nombreuses prescriptions, qui atteignent après un décès les survivants, se doivent ranger parmi les tabous. Mentionnons d'abord celles qui concernent les vêtements. On sait que les vêtements d'un chef néo-zélandais tuent ceux qui les portent (2). Il en est de même des vêtements portés dans la chambre mortuaire : on craint que l'esprit ne se soit glissé dans leurs plis, on les déchire, on les jette, comme chez les Esquimaux, ou bien on redoute d'être reconnu par l'esprit du mort et on adopte pour dépister ses recherches pendant un temps un costume spécial. Les formes en sont très variées. A Bornéo, trois règles régissent les vêtements de deuil ; à Bahan, on prend un vêtement d'écorces ; chez les Dayaks, on s'habille de loques usées ; les Olo-Ngadju portent un vêtement de couleur d'abord blanche, puis noire. A Tahiti, les veuves plaçaient sur leur tête une coiffure de plume d'une couleur spéciale, et se couvraient le visage d'un voile. Les défigurations doivent souvent, semble-t-il, être rapprochées du deuil comme ayant même signification. Les Pahouins

(1) De Ridder, *op. cit.*, p. 49.
(2) Frazer, *op. cit.*, t. I, p. 250.

qui pleurent un des leurs s'enduisent d'argile blanche pendant un mois (1). Les Bantous « se couvrent de couleur blanche, couleur des mânes (2). » Il en est de même des Bangalas (3). Les Indiens de l'Amérique du Nord, les Gallas, les Cafres pratiquent une coutume analogue dans le but d'échapper à l'esprit du mort. Les nègres de l'Afrique centrale se peignent en jaune, les Australiens en blanc, les Américains du Nord en noir, les Polynésiens en rouge ; on s'arrache aussi les poils de la barbe ou les cheveux (4), comme font les Hovas, les Malais, les Indiens de l'Amérique, les Bororos du Brésil (5), les Basoutos, les Damaras, les Gallas. Fréquemment on se lacère le visage, par exemple, dans l'Afrique du Sud, à Koossa, pour échapper au mort. On sait que la loi de Solon dut interdire la coutume funèbre de se déchirer les joues avec les ongles ; on se contentait ensuite, en Grèce comme en Egypte, de se frapper la poitrine en gémissant (6).

Ces défigurations pouvaient d'ailleurs être la survivance de rites plus barbares. Chez les Achantis, on pratiquait des mutilations ; les Bochimans se coupent un doigt, les Mélanésiens et les Hottentots s'amputent une phalange du petit doigt (7) ; chez les Bororos du Brésil

<hr>

(1) On sait que chez les Egyptiens (HÉRODOTE, II, 85), les femmes se frottaient le visage de boue. Les Spartiates se couvraient également de boue. Les Sémites se mettaient de la terre et de la cendre sur la tête. Cf. LAGRANGE, *op. cit.*, p. 325. A. LODS, La *croyance à la vie future et le culte des morts dans l'antiquité israélite.*

(2) LE ROY, *La Religion des Primitifs*, p. 152.

(3) Cf. CYR VAN OVERBEIGH, *Les Bangalas* p. 217, Bruxelles, 1907.

(4) Cette coutume de s'arracher les cheveux existait chez les Babyloniens, cf. LAGRANGE, *op. cit.*, p. 322, et chez les Arabes, Cf. JAUSSEN, *op. cit.*, p. 91, les Egyptiens, cf. MASPERO, *Lectures*, p. 130 sq ; cf. aussi R. SMITH, *Religion of the Semites*, p. 323.

(5) La veuve et les parents du défunt s'arrachent les cheveux, se les coupent et brisent leurs armes à la façon des Juifs qui déchiraient leurs vêtements quand ils apprenaient quelque mauvaise nouvelle » *Bulletin Salésien*, oct. 1908, p. 260.

(6) Cette coutume se retrouvait chez les Sémites, cf. LAGRANGE, *op. cit.*, p. 523. Pour l'Egypte, cf. la pittoresque description de MASPERO, *Lectures historiques*, p. 130. sq.

(7) Pour la Nouvelle-Calédonie, cf. coutumes analogues dans *Missions catholiques*, p. 365 sq. Le P. LAMBERT rapproche ingénieusement certaines pratiques de deuil : mutilation, etc., des défenses faites par Dieu au peuple d'Israël. Cf. *Lévitique*, XIX, 28, *Deut.*, XIV, 1. « Vous ne ferez point d'incisions sur votre chair pour un mort. » Pour l'Amérique du Nord, cf. CHATEAUBRIAND, *Voyage en Amérique*, édit. Furne, t. II, p. 59.

« les femmes marchent sur les pieds du mort et l'arrosent de nombreux jets de sang provenant des profondes entailles qu'elles se font aux épaules, aux bras, aux avant-bras et aux jambes (1) : est-ce marque de tristesse, désir de se rendre méconnaissable, ou même, parfois, ne serait-ce pas une substitution à des rites plus cruels, comme ceux du suicide ou de la mort des veuves, une offrande faite aux défunts (2) ?

Ce n'est pas seulement, en effet, pour l'extérieur que les parents du défunt sont séparés du reste de la communauté pendant le deuil ; des prescriptions très sévères régissent leurs actes durant ce même temps. Ceux qui sont plus directement atteints passent quelquefois des mois entiers, séquestrés, immobiles, dans la maison mortuaire : il leur est interdit de manger, de se rencontrer, de vivre avec les autres membres de la tribu. Il semble que, la mort n'étant pas encore terminée, les parents doivent tenir compagnie au défunt ; et d'ailleurs, l'esprit du mort, rôdant partout, rend dangereux tous ceux qui ont contact avec lui. La veuve est particulièrement atteinte par ces tabous ; elle est surveillée de très près par le mort qui conserve sur elle tous ses droits ; aussi n'a-t-elle pas la faculté de se remarier (3). Les suicides des veuves qui étaient si fréquents en Chine et dans l'Inde avaient sans doute cette idée d'appartenance pour cause (4). Les Néo-Zélandais et divers peuples non civilisés pratiquaient la même coutume. Leur vie et celle des parents du défunt est, en général, des plus pénibles. Dans la Colombie britannique, dit Boas cité par Frazer, « ces derniers ne peuvent toucher leur tête et leur corps ; nul ne peut se servir de leurs ustensiles. Ils se construisent une cabane près d'un ruisseau, s'y font

---

(1) *Bulletin Salésien*, oct. 1908, p. 260.

(2) Cette dernière explication conviendrait aux coutumes sémitiques d'après Rob. Smith, *loc. cit.* C'est à raison de la portée religieuse de cette coutume qu'elle est interdite par la Loi. *Deut.*, xiv, 1 ; *Lév.* xix, 28, xiv, 5. Cf. Lagrange, *op. cit.*, p. 323.

(3) A Madagascar, elle ne peut se remarier avant que le divorce entre elle et son mari ait été prononcé comme pour les femmes qui ont divorcé du vivant de leur mari. Cf. Van Gennep, *Tabou et Totémisme à Madagascar*, p. 61-62.

(4) Dumont d'Urville, *Histoire des Voyages*, xviii, 629, et *Missions catholiques*, 1882, p. 562.

suer toute la nuit et se baignent ; ils se frottent ensuite avec des branches de sapin... les chasseurs les évitent, car ils portent la mauvaise chance. Leur ombre rend malade celui sur qui elle tombe. Ils couchent sur des lits d'épines pour éloigner l'esprit du défunt et des jonchées d'épines sont disposées autour de leur lit (1). » Dans le centre australien (2), les parents sont condamnés au silence, à l'immobilité. Naturellement ils doivent s'abstenir des fêtes, des assemblées, des cérémonies du culte ; parfois ils sont astreints à la continence, comme en Chine, en Nouvelle-Calédonie, etc... Les Parsis en deuil doivent vivre dans l'isolement pendant un temps variable suivant le degré de parenté (3), et des abstinences sont de règle (4). Dans l'Inde védique, les jours qui suivent la crémation sont jours d'impureté pour les survivants. Ils désertent leurs lits, observent la continence, ne cuisent aucun aliment, ne vivent que d'aumône. La durée de ce temps est proportionnée à la parenté et va souvent « jusqu'au jour où on recueille les ossements (5) ». Parfois le tabou s'étend à tous les membres du village.

Celui qui a enseveli le corps est sujet aux mêmes prescriptions. Chez les Maoris, ce dernier ne peut toucher la nourriture de ses mains ; dans la Polynésie, le malheureux vit à l'écart, il est astreint aux mêmes obligations ; dans la Nouvelle-Calédonie, il en était de même, ainsi qu'à Tahiti ; et dans certaines contrées, l'exigence va jusqu'à l'empêcher de toucher, de la main contaminée, son propre corps, même pour le gratter. Chez les Parsis, les enterreurs se vêtent d'habits spéciaux qu'ils déposent en sortant des « tours du silence » où ils ont déposé le cadavre, en même temps qu'ils se purifient (6). On sait que, chez les Égyptiens, ces derniers formaient une corporation qui vivait à l'écart, et

<hr>

(1) FRAZER, *op. cit.*, t. I, p. 353.
(2) *Northern Tribes*, p. 528.
(3) V. HENRY, *Le Parsisme*, p. 135.
(4) MÉNANT, *op. cit.*, p. 190.
(5) OLDENBERG, p. 494. — On trouve des coutumes analogues en Chine. Cf. BOUINAIS et PAULUS *op. cit.*, p. 84, note 1.
(6) MÉNANT, *op. cit.*, p. 283.

que le paraschite qui avait avec une pierre obsi-
dienne pratiqué l'incision du cadavre, était, l'opération
achevée, chassé à coups de bâtons et de pierres (1). Dans
ces diverses pratiques, se manifeste cette idée que l'esprit du mort est en contact avec les êtres qui ont touché
sa dépouille, et qu'il peut s'en servir pour nuire. Un
tabou de moindre extension atteint parfois ceux qui ont
vu un cadavre, ont assisté à des funérailles. Chez les
Grecs, après l'enterrement, les membres de la famille
étaient considérés comme souillés. Avant d'entrer dans
le temple d'Hiérapolis, on devait se purifier quand on
avait vu un cadavre; un vase rempli d'eau se trouvait à la
porte des maisons mortuaires et permettait aux visiteurs
de se laver en sortant. C'est toujours, semble-t-il, l'esprit du mort redouté qui est à l'origine de ces coutumes.

Ces tabous ne sont pas seulement personnels, ils sont
souvent locaux. Le mort et son esprit sont censés incor-
porés à tout ce qui les approche, aux objets, aux
aliments, à la demeure qui les entourent. Les Hurons
n'osaient manger d'un repas dont les esprits avaient
déjà pris une partie (car elle leur était offerte), de peur
de mourir (2). Peut-être certains jeûnes funéraires ont-
ils une signification analogue. En divers endroits, les
survivants vident les vases qui contiennent des liquides,
voilent les miroirs, brûlent tout ce qui a appartenu au
mort. Dans l'Amérique du Nord, maison et mobilier funéraire sont désertés, tant est terrible la crainte qu'inspire
l'esprit du mort. Chez les Bantous, « on change tous les
objets de place dans la maison, parfois même on abandonne la case et le village (3) ». Dans certains lieux, en
Perse, on abandonne également la maison du mort (4).
Il en est de même en diverses localités, à Madagascar (5) ; on va même jusqu'à abandonner le village (6).

(1) MASPERO, *Lect. Hist.*, p. 133.
(2) TYLOR, *op. cit.*, t. II, p. 60.
(3) LE ROY, *La Religion des Primitifs*.
(4) MÉNANT, *op. cit.*, p. 194.
(5) VAN GENNEP, *op. cit.*, p. 64 ; *Missions cath.*, 1874, p. 328.
(6) En Nouvelle-Calédonie, on ravage les plantations des morts
(*Missions cath.*, 1880, p. 365) ; chez les Dangs tout est brisé : ustensiles, arbres, cultures du défunt (*id.*, 1898). Les Aïnos déposent les
armes et ustensiles du défunt sur la tombe.

En Chine le tabou du deuil atteint parfois toute la vie civile. On ne se marie, on ne naît pendant les cent jours qui suivent la mort de la reine. Nous en avons un exemple récent. Une abonnée du *Noël* lui écrit de Changhaï (Chine) : « ... Vous devez savoir la mort de notre vieille impératrice de Chine, aussi détestée de ses sujets qu'elle en était crainte. Savez-vous comment on a dû porter son deuil dans toute l'étendue de l'empire chinois ? C'est un deuil public de cent jours pendant lequel il est interdit de se marier et de naître... Au moins à la vie civile... Pour ne pas contrevenir à la première interdiction, je ne puis vous dire combien, de toutes parts, les mariages projetés ont été avancés, si bien que dans la seule journée qui a précédé le jour des funérailles impériales — premier jour à compter pour les cent jours légaux, — il y a eu à Pékin autant de mariages enregistrés qu'il y en a d'habitude en un an. Pour ce qui regarde la seconde interdiction, tout enfant venu au monde pendant les cent jours est soigneusement caché, et les naissances ne sont enregistrées que le lendemain du grand deuil clos, et ces cent jours ou fraction de cent jours ne comptent pas pour leur âge ni pour l'état civil (1) .. »

Le deuil est de plus ou moins longue durée : il coïncide le plus souvent (M. Hertz le fait remarquer) avec le temps qui sépare le décès de la sépulture définitive, il en est ainsi du moins en Indonésie ; on peut même saisir sur le vif des réductions de ce temps. Ainsi on a constaté à Fidji que le deuil qui dure vingt jours, dans ce pays, s'appelle « les cent nuits », temps qui sépare la sépulture provisoire de la sépulture définitive dans les autres îles mélanésiennes. Une idée analogue se retrouverait dans l'Inde védique : M. Oldenberg a fait remarquer que le deuil y durait jusqu'à la sépulture définitive. Le deuil, c'était donc, semble-t-il, à l'origine l'intervalle redoutable qui précédait le grand repos donné à l'esprit par les derniers devoirs funèbres. Le temps fixé était d'ailleurs fort variable : depuis quatre à cinq années jus-

(1) *Croix*, 28 janv. 1909.

qu'à quelques jours. A Athènes, il durait un mois. A Madagascar, il durait de huit jours à plusieurs mois (1), etc. Il variait avec le degré de parenté, d'attache que l'on avait avec le défunt.

La cessation du deuil donne lieu à diverses cérémonies significatives parmi lesquelles les purifications occupent une place prépondérante. Ainsi chez les Olo-Ngadju, après le banquet auquel les femmes seules ont pris part, l'une d'elles dépose pour l'esprit et les démons sept petits paquets de riz et dit : « Je dépose ici votre nourriture ; par là je brise toute résistance, tout ce qui est impur, tous les mauvais rêves et je mets un terme à tous les pleurs (2). » Le nom de *tiwah*, que prend cette cérémonie, signifie « relevé de l'interdit ». En même temps, les prêtresses accomplissent des rites et des incantations, qui ont pour but d'affranchir les survivants et le mort des mauvais esprits. On fait ensuite un sacrifice, puis des lustrations, et le tabou est levé. Chez les Dayaks, on asperge les parents du défunt avec le sang d'une victime pour terminer le deuil. Parfois un bain rituel est requis : à Madagascar, par exemple. Chez les Mandangs de Bornéo, on passe au travers d'un bâton fendu, on se baigne, on se frotte avec des cailloux rudes, lorsque l'on sort du cimetière après l'enterrement. Au Tonkin, après s'être coupé les cheveux, lavé les habits, on asperge la maison afin de chasser l'esprit (3). Au Kamchatka, après que les chiens ont dévoré les cadavres des morts, on passe au travers de cercles magiques. Les Koraks, la sépulture définitive faite, un an après la mort du défunt, se purifient

(1) A Zanguebar, le deuil est d'un ou deux jours, pour un enfant, de quatre à cinq, pour un adulte, de neuf à douze, pour un chef. Mgr Le Roy, *Miss. cath.*, 1886.
(2) Hertz, *loc. cit.*, p. 101.
(3) Chez les Ban-hars, on dit aux morts chaque mois pendant un an en leur offrant de la nourriture : « Ne nous fais pas souffrir, tu es déjà devenu comme la rosée et le brouillard, ne reviens pas nous chercher. » On fait enfin un sacrifice et une fête et les morts sont fixés dans leur sort. *Missions, catholiques*, 1887, p. 501 sq. Les Digos lavent leur linge et celui du mort, puis ils enjoignent à l'ombre du mort de rester là où elle est au pied de son arbre et de ne jamais venir la tracasser. On lui donnera à cet effet du maïs, du riz, etc., qu'elle s'en aille ailleurs. Mgr Le Roy *Miss. cath.*, 1892, p. 457.

en passant entre deux perches, pendant que le sorcier adjure le mort de ne pas les enlever.

Cette coutume de se purifier en passant à travers des troncs d'arbres fendus est très répandue dans la Colombie britannique et chez les Indiens du Canada. Chez les Bantous, « on fait un grand sacrifice, on donne un repas, on boit, on danse. Après le cadavre, l'âme est logée à son tour et le deuil prend fin ». Cela a lieu un an après la mort. Auparavant on « se lave, on se purifie, on se rase la tête » (1). A Rome, après les funérailles, les assistants étaient purifiés par l'eau et par le feu, et la maison mortuaire était balayée par l'*everriator*. Chez les Parsis, la cérémonie terminée, les parents se lavent le visage, récitent des prières, prennent un bain. Dans l'Inde védique, à la fin du deuil, en revenant de l'enterrement définitif, les assistants effacent la trace de leurs pas afin d'empêcher l'esprit de les suivre, on allume le feu purificateur, on se baigne, les parents s'habillent alors de neuf en disant : « Les vivants ont pris congé des morts... nous avons marché à la danse et au jeu, nous assurant désormais longue vie (2). » Il est visible que, dans tous ces cas, on estime que l'esprit du mort une fois fixé dans un endroit, heureux désormais de son sort, laisse les survivants en paix. Ceux-ci ne sont plus dès lors (le plus souvent du moins) sous le coup d'un danger mystérieux, ils redeviennent semblables aux autres hommes (3).

Mais ces dangers renaissent à certaines époques ; car il est des jours où les défunts reviennent visiter les vivants : tel était, chez les Grecs, le troisième jour des *Anthesteria*. « Les Athéniens croyaient que, pendant les fêtes des *Anthesteria*, les âmes des morts sortaient des Enfers, revenaient sur la terre et parcouraient la

____

(1) Le Roy, *La Religion des Primitifs,* p. 152.
(2) Oldenberg, *op. cit.*, p. 198. Cf. dans Hérodote, *Histoire,* l. IV, 73, les purifications usitées chez les Scythes après l'enterrement.
(3) Dans l'Arrakan, au Bengale, durant les trente jours que durent les funérailles on brûle le corps, on jette de l'eau sur les cendres, « puis on construit une petite hutte afin que l'esprit puisse y séjourner et ne vienne pas molester les vivants ». Cf. *Missions catholiques,* 1881, p. 69.

ville. Des cordes étaient alors tendues autour du temple
pour empêcher les âmes errantes d'y pénétrer ; les habitants enduisaient de poix les portes des maisons, afin
que les esprits téméraires qui essaieraient d'entrer
fussent arrêtés et restassent collés sur la porte, comme
autant de mouches. A la fin des Anthesteria, les Athéniens priaient les esprits de s'en aller, en ces termes :
« Allons, passez la porte, esprits ! Les Anthesteria sont
finies. » Il semble que des vases en terre, remplis
d'aliments bouillis, étaient disposés un peu partout dans
la ville à l'usage des esprits invisibles, pendant leur
court séjour parmi les humains ; mais ces vases étaient
placés hors des maisons, dans les rues ; car on ne vou-
lait fournir aux esprits aucun prétexte pour entrer dans
les maisons et tourmenter les habitants. « Aucun prêtre
n'aurait consenti à manger de ces aliments offerts aux
morts (1). » Ce jour était d'ailleurs pour les Grecs « un
jour impur », impropre aux affaires civiles ; les temples
restaient fermés, hormis celui de Dionysos. Cette revi-
viscence aux fêtes des morts des tabous de deuil existait
également chez les Romains. Pendant les trois jours de
fête consacrés aux morts, les temples devaient demeurer
fermés ; les esprits étaient alors reçus dans chaque
maison ; les fêtes terminées, on les éloignait par des
incantations et des actes magiques, dont le dernier était
ainsi imaginé : le père de famille trempait ses mains
dans l'eau, il heurtait l'un contre l'autre des vases de
bronze, et priait les esprits de quitter sa maison, en
répétant neuf fois ces mots : « Mânes de la famille,
allez-vous-en (2). » C'en était fait jusqu'à l'année suivante. On trouverait des coutumes analogues au
Japon (3), en Cochinchine, chez les Dayaks, au Mexique,
chez les Esthoniens, etc... D'ailleurs les tombes où
résident les morts restent souvent encore dangereuses,
les cimetières sont parfois frappés de tabous, l'âme
fixée y est encore vivante et on craint toujours son

____

(1) FRAZER, *op. cit.*, t. II. p. 332-333.
(2) OVIDE, *Fastes*, V, 419-486 ; sur les *parentalia*, cf. MOMMSEN,
Le culte chez les Romains, t. I, p. 372 sq.
(3) CHARLEVOIX, *Histoire du Japon*, I, p. 244-245, édit. 1754.

action redoutable (1). Sans doute nous ne voulons point rapporter toutes les interdictions funéraires actuelles à la crainte des esprits. Ce serait là, Robertson Smith l'a fait remarquer, une explication incomplète ; l'idée de contagion de la mort, considérée comme quelque chose de réel, a dû se faire jour dans l'esprit des non-civilisés ; on peut constater du moins que les habitudes que nous avons citées portent en elles-mêmes les marques de la conception animiste qui les a créées et témoignent ainsi de la croyance à la survivance des esprits par delà la mort.

Mgr Le Roy écrit à propos des Bantous : « Si variées, que soient les cérémonies du deuil et des funérailles, le but est toujours le même : assurer le repos à l'esprit qui s'en va ; s'acquitter envers lui de ses devoirs, particulièrement en accomplissant les rites qui lui sont dus, et, s'il y a lieu, en le vengeant ; l'empêcher de revenir en le dépistant, soit en lui donnant satisfaction par des sacrifices, soit en l'effrayant par des cris, des conjurations et même des injures ; enfin se purifier des souillures et se débarrasser des influences qu'on aurait pu constater à cette occasion. De tout ce cérémonial ressort l'idée évidente de la survivance de l'homme à lui-même (2). »

*
* *

§ 3. *Le culte du tombeau.* — Le cadavre est déposé dans le tombeau, le deuil est levé ; l'esprit du mort n'est pas cependant disparu, anéanti, et de nombreuses *cérémonies* marquent la place qu'il occupe dans la pensée des vivants. Nous ne pouvons les énumérer une à une. Voyons seulement les offrandes, les sacrifices, que l'on fait au défunt, soit au moment de la cérémonie définitive des funérailles, soit à des périodes fixes dans la suite,

(1) A Zanguebar, l'âme est considérée comme faisant sa demeure habituelle du tombeau, mais elle peut errer malgré cela dans les champs, par les chemins, dans les bois. *Missions catholiques*, 1886, p. 332. A Fandjakara (Madagascar), les âmes sont regardées comme redoutables : aussi éloigne-t-on les tombeaux. A Paumoutou, les os de mort sont tellement dangereux, qu'un moyen de se suicider consiste à aller les déterrer ; on est sûr que les esprits mécontents ne laisseront pas survivre longtemps le profanateur. Cf. *Missions catholiques*, 1874, p. 356.
(2) *Op. cit.*, p. 152, 153.

et marquons au passage combien pour ces peuples sauvages le défunt est bien encore un être vivant.

La position donnée au squelette est parfois significative : tantôt il apparaît allongé et au repos, tantôt, au contraire, il est replié sur lui-même. Cette dernière coutume était usitée tout particulièrement dans l'Amérique du Nord et du Sud (1), chez les Zélandais, dans la Mélanésie et en diverses contrées de l'Afrique (2). On sait que ce même procédé de sépulture se retrouve dans la préhistoire de l'Egypte (3), de l'Afrique du Nord, de la Gaule, de la Scandinavie, de l'Espagne et de l'Italie (4). On le retrouverait également dans la préhistoire cananéenne (5). On a proposé de cette forme de sépulture diverses explications : 1° assimilation du mort au fœtus, la terre étant considérée comme le sein maternel (6) 2° sentiment de crainte du mort et ligottage du squelette, que l'on empêche ainsi d'agir ; 3° réduction du corps humain à des dimensions proportionnés aux vases funéraires ; 4° position accroupie de repos, analogue à celle du primitif pendant la vie, dont la mort est la continuation (7). Cette dernière explication est la plus

(1) On peut se rendre compte de la dispositon des momies repliées du Pérou, ou du Brésil, au musée ethnographique du Trocadéro.

(2) « Quand on a l'habitude d'enterrer le mort, on l'assied dans la tombe, ou bien on le couche dans l'attitude du sommeil, ou bien encore on lui rend la position d'un enfant dans le sein de sa mère, comme s'il était déposé là pour une seconde naissance. » Mgr LE ROY, *La Religion des Primitifs*, p. 15.

(3) Cf. DE MORGAN, *Origines de l'Egypte*, p. 85, fig. 35. Cf. aussi A. J. REINACH, *L'Egypte préhistorique*, p. 9 ; NAVILLE ; *op. cit.*, p. 46, MORET, *op. cit.*, p. 172.

(4) Cf. DÉCHELETTE, *op. cit.*, p. 172.

(5) Cf. JAUSSEN, *Canaan, d'après l'exploration récente*, p. 269.

(6) Il semble que ce soit le P. CHARLEROIX qui ait le premier comparé cette posture du cadavre à « celle de l'enfant dans le sein de la mère », *op. cit.*, t. VI, p. 108.

(7) Cette dernière explication semble convenir à la préhistoire égyptienne, elle est conforme à un texte d'HÉRODOTE, IV, 190. Ce dernier dit que la peuplade des Nasamans de la Tripolitaine, de son temps « enterre ses morts accroupis et a bien soin quand le mourant est sur le point de rendre l'âme, de le faire asseoir, en l'empêchant de s'étendre ». On ne pourrait, en effet, sans cette précaution, replier le cadavre dans l'état de rigidité cadavérique. C'est donc bien semble-t-il, la position accroupie et du repos, prolongation dans l'autre monde d'une position analogue de la vie terrestre, que nous révèlent ces sépultures. On pourrait rapprocher la coutume dont parle HÉRODOTE de certaines habitudes alsaciennes et belges, d'après lesquelles le moribond expire accroupi sur une paillasse.

naturelle et la plus vraisemblable, elle concorde parfaitement avec le mobilier funéraire qui entoure le mort et qui a lui, du moins, une signification indiscutable.

On sait que dans la préhistoire on trouve fréquemment dans les tombeaux des armes, des objets usuels, des aliments auprès des squelettes humains (1). La Grèce, la Gaule, Canaan, l'Afrique carthaginoise, tout comme l'Egypte ancienne nous accusent la conception des morts vivants dans leur tombe, qu'il fallait aider et satisfaire. Les sauvages actuels ne procèdent pas autrement. Chez les Mélanésiens, on disposait, à portée du mort, des armes de chasse et de guerre. Certaines tribus néo-calédoniennes placent dans les tombes tous les objets qui peuvent être agréables aux morts : lances, bijoux, etc. En Polynésie, on dépose auprès du cadavre des armes, une massue, des coquilles de noix de coco pour puiser de l'eau, des vivres, des poissons. Dans l'Amérique du Nord (2), on place à côté du mort des vivres, des armes des ornements, etc. En vue de contenir les offrandes, les Mangbetu piquent en terre, près de la tombe... un stick, dont la partie supérieure est divisée de manière à former une espèce de panier.

Cette posture est d'ailleurs celle de nombreuses statuettes égyptiennes préhistoriques. C'est l'explication admise par NAVILLE, *loc. cit.*, J. REINACH, *loc. cit.* ; MORET, *loc. cit.*, etc. M. DÉCHELETTE semble l'ignorer. Cependant, M. CAPART en propose une autre. Ce serait, d'après le savant égyptologue, la crainte du mort qui inspirerait toutes les coutumes funéraires de la primitive Egypte, le démembrement, le reploiement du corps sur lui-même, son enveloppement dans une natte. Les gigantesques *mastabas* dans lesquelles on le dépose en fermant toute issue ont pour objet de maintenir le corps défunt dans la tombe. De même les statuettes diverses, qui servent de support au double ou qui l'aident à vivre et qui sont placées dans une salle différente de celle qui contient le sarcophage, seraient destinées à retenir le double et à lui ôter tout désir d'aller rejoindre le corps. Cf. *Transactions of the third international Congress for the history of Religions*, t. I, p. 201. *A propos des statuettes de Meuniers d'Osiris*. M. WALDEMAR SCHMIDT a dans le même congrès accepté cette explication. *Ibid. The treatment of the dead in Egypt.*, p. 215.

(1) Cf. par exemple, *La découverte d'un squelette humain mousterien à la Chapelle-aux-Saints* par les abbés A. et J. BOUYSSONIE dans la *Revue d'Anthropologie*, t. XIX, p. 517.

(2) Les Osages ensevelissent avec le guerrier ses armes, son calumet, ses trophées, son *medicine-bag* ; les Dindjié et les Loucheux déposent aussi auprès du pêcheur et du guerrier tout le fourniment nécessaire. Sur ces peuples, cf. PETITOT, *passim*.

C'est dans ce récipient que les parents du mort mettent la nourriture pour l'âme ou l'esprit du défunt, et la renouvellent (1). Chez les Mayombes, on place sur la tombe du chef des bouteilles, des cruchons, des aiguières, des saloirs, etc., le tout mis hors d'usage afin d'éviter le vol (2). De même chez les Basonges (3). Toutes ces pratiques témoignent qu'après la sépulture définitive, l'âme est regardée comme survivante.

D'ailleurs ces premières offrandes ne sont pas suffisantes, l'âme du mort a besoin d'autre nourriture, il la lui faut apporter. Aussi, la préoccupation d'alimenter le mort tient-elle la première place dans le culte funéraire chez les non-civilisés. Souvent on place des mets sur leurs tombeaux comme chez les Algonquins, dans l'Afrique occidentale, etc., parfois même on les introduit jusqu'au squelette, comme au Congo, par un trou pratiqué à cet effet ; ou bien on les jette à terre comme chez les Bodos de l'Inde, pensant que les esprits habitent le monde souterrain. « A Madagascar, l'élégante petite chambre qui surmontait le mausolée du roi Ramada contenait une table et deux chaises ; on déposait sur cette table une fiole de vin, une carafe d'eau et deux gobelets, parce que, selon les idées de la plupart des indigènes, le fantôme du monarque décédé venait de temps en temps, accompagné de l'esprit de son père, visiter le lieu où reposait son corps, et aimait à manger et à boire ce qui lui avait plu pendant la vie (4). » Les Chinois donnent à manger à leurs morts, et d'ailleurs les fournissent abondamment de papier-monnaie pour les achats qu'ils peuvent avoir à faire (5). Les Indiennes de l'Amérique du Nord répandaient de leur lait sur la tombe de leurs enfants (6) ; elles changent les habits des morts

---

(1) *Les Mangbetu*, par CYR VAN OVERBEGH, p. 361. Bruxelles, 1909.
(2) *Les Mayombes*, par CYR VAN OVERBEGH. 1907.
(3) *Les Basonges*, id. 1908.
(4) ELLIS cité par TYLOR, *op. cit.*, t. II, p. 40. Cf. faits analogues dans *Missions catholiques*, 1874, p. 339.
(5) BOUINAIS, p. 118. « La consommation de ce papier est assez considérable pour donner une vraie importance au commerce de cette marchandise. » Chez les Grecs, on plaçait une pièce de monnaie dans la bouche du défunt afin qu'il pût payer Caron. Cf. LUCIEN, *Caron*, POTTIER et Salomon REINACH. *La Nécropole de Myrina*, p. 101-108.
(6) Cf. CHATEAUBRIAND, *Les Natchez*, éd. Furne, p. 618.

et les nourrissent avec soin. On fait dans ces pays
« beaucoup plus de dépenses pour les morts que pour les
vivants (1) ». Les Chuwahes de l'Asie septentrionale
déposent sur la tombe des aliments et des serviettes.
Les Égyptiens mettaient à la disposition du mort tout
un personnel de serviteurs, meuniers, cuisiniers, etc.,
on n'oubliait pas la nourriture... Cependant afin d'empêcher le mort d'avoir faim, en toute hypothèse on avait
eu soin de lui arracher les entrailles et de les mettre à
part dans des vases à vertus magiques (2). Les Hindous
offraient des gâteaux funéraires et de l'eau pour que
l'âme put se laver (3). Les Indiens de l'époque védique
nourrissaient leurs morts afin de s'attirer leurs protec-
tions. Certaines de ces coutumes se sont conservées
après l'introduction du christianisme (4).

Les repas funéraires sont plus que des offrandes
faites aux morts, elles font de ceux-ci de véritables
commensaux. On les célèbre d'abord le jour même de
l'enterrement définitif : le banquet funèbre en est un des
rites essentiels. Lucien rapporte que les Égyptiens gar-
daient la momie dans leur maison, afin qu'elle pût
assister à ce repas de funérailles (5). En Chine, ces
repas duraient trois jours. « Chez les Arabes modernes,
le repas pour les morts est tellement considéré qu'une
des pires imprécations est de dire : « Dieu fasse qu'à ta
« mort, tu ne trouves personne pour te faire le souper
du soir (6). » Mais ce festin n'est que le premier d'une
série que l'on fait aux morts. La nourriture est considérée comme nécessaire à la vie de l'esprit. Chez les
Chinois, on en fait un au jour anniversaire et plus
souvent. On sait que pour eux les tablettes, portant le

(1) CHARLEVOIX, *op. cit.*, t. VI, p. 105.
(2) Cf. ERMAN, *op. cit.*, p. 207, sq.
(3) OLDENBERG, *op. cit.*, p. 82.
(4) Saint AUGUSTIN, *De civ. Dei*, VIII, 27, *Contra Faust..*, XX, 4 ;
SERM. XV, *De Sanctis* ; DUCHESNE, sur le concile de Tours. *Origines
du Culte chrétien*, 3ᵉ édition, p. 278, sur coutumes analogues en
Espagne, en Grèce ; RENEL, *Les Religions de la Gaule*, p. 374-375.
(5) *Du Deuil*. Cf. une description d'un des repas funèbres égyptiens
dans ERMAN, *op. cit.*, p. 196.
(6) JAUSSEN, *op. cit.*, p. 101. Sur la signification des repas funéraires sémitiques, cf. LAGRANGE, *op. cit.*, p. 333.

nom du défunt, rendent présent magiquement l'esprit de l'ancêtre (1). Aussi on offre à manger à ce dernier devant la tablette, on laisse alors retomber le rideau devant elle pendant qu'il est censé manger, on relève le rideau à la fin du repas. Selon le P. Charlevoix, les Japonais croient que les âmes reviennent chaque année dans leurs maisons respectives. On va ce jour-là les chercher en grand appareil, « on les invite à se reposer, à prendre des rafraîchissements et l'on commence avec elles une conversation assez plaisante qui dure au moins une heure ». On les conduit ensuite en flambeaux dans la ville illuminée, puis dans les maisons. « Le dedans des maisons est éclairé partout, et les tables y sont magnifiquement servies ; les morts ont leur couvert comme les vivants et, suivant le principe de la plupart des Japonais qui croient notre âme formée d'une matière extrêmement subtile, on ne doute pas que celles-ci ne sucent la plus pure substance de tous les mets qu'on leur présente.

Après le repas, chacun va rendre visite aux âmes de ses amis et de ses voisins et la nuit se passe ainsi à courir toute la ville... Les jours suivants, les âmes sont reconduites avec les mêmes cérémonies..., et de peur que quelques-unes ne soient restées dans les maisons... on jette des pierres sur les toits et l'on visite avec soin tous les appartements en donnant partout de grands coups de bâtons comme font les sauvages du Canada dans une occasion toute pareille... » On craint ici « d'être importuné de ces fâcheux hôtes, dont les uns et les autres craignent les apparitions comme les enfants parmi nous (2) ». A Rome, on regardait ces repas comme nécessaires. Ovide rapporte qu'un jour on oublia les *parentalia* ; les morts se prirent alors à errer et à hurler dans les rues de la ville (3). On se rappelle ce que nous avons dit des *panspermies* offertes aux

(1) Cette manière de fixer le défunt pourrait être rapprochée des « imagines majorum » que l'on plaçait à Rome autour du feu sacré et des masques égyptiens. Cf. sur ces pratiques chinoises, *Missions catholiques*, 1872, p. 350 et 1876, 18 fév.
(2) CHARLEVOIX, *Histoire du Japon*, t. I, p. 244-245-246, éd. 1751.
(3) OVIDE, *Fastes*, II, 549-556.

morts le troisième jour des *Anthesteria*, chez les Grecs. Chez les Slaves, à ces repas funéraires, on jetait sous la table des morceaux de viande et du vin pour nourrir les morts. Dans le Zapotécan (Mexique), on faisait des repas aux ombres pendant quelques années, à jours fixes ; tous les parents y assistaient silencieux et immobiles pour ne pas les troubler. Les Dayaks ont de grandes fêtes des morts, mais le repas qui leur est donné à cette occasion est mis à la porte d'entrée, tant on redoute encore la présence de l'esprit. Dans l'île de Kéi, on croit que les âmes des morts, lorsqu'ils manquent de nourriture, envoient toutes sortes de maladies aux vivants ; aussi, en temps d'épidémie, on jette de la nourriture aux âmes. On fait de même à Célèbes. Dans la tribu de Belep, on croit que les orages sont dus au mécontentement des âmes des chefs ; aussi on leur apporte des vivres quand il tonne, en leur disant : « Je dépose cette part auprès des chefs afin qu'ils effacent la tache dont nous sommes flétris : éloignez-vous de nous (1). » Et sans doute la tempête s'apaise. A Zanguebar, on croit que les maladies ont pour cause la négligence des ancêtres (2). Les repas, qui sont primitivement une offrande de nourriture aux mânes, deviennent fréquemment une commémoration des ancêtres, un retour ému vers tous ceux qui ont quitté les leurs et qui prennent part, invisibles, aux actes importants de la vie de la famille. En Chine, rien ne se fait sans convier les ancêtres. Les Gallas croient, en mangeant avec les morts, aux funérailles, absorber un peu de la vie ou de l'âme du défunt, son esprit, son courage.

D'autres offrandes, plus barbares que celles que nous venons de signaler, supposent également chez les non-civilisés la survivance du mort. Nous voulons parler des sacrifices sanglants. Sur les tombes, on immole des animaux et même des hommes. Le but que l'on se propose est, à n'en pas douter, de rendre service à l'âme

____

(1) *Miss. cath.*, 1879, p. 30.
(2) Mgr Le Roy, *Miss. cath.*, 1886, p. 332.

du défunt. Rien de plus significatif que les sacrifices qui accompagnent, par exemple, les funérailles des rois de Dahomey et dont nous devons de si curieuses descriptions à nos missionnaires (1).

Au moment du premier enterrement du roi Messi, on tua le porte-clefs, la cuisinière et son petit esclave, la femme qui tient l'éventail, celle qui tient le parasol et enfin celle qui étend la natte ; les unes étaient immolées pour que leur sang, mêlé de terre, formât le sol de la tombe, les autres étaient couchées à côté du roi. Trois mois après, on déterra le cadavre, on le décapita, et on offrit à sa tête divers aliments (2). Quand on eut réuni l'argent suffisant, on procéda au premier enterrement. Le P. Poirrier a été témoin des funérailles définitives de cinq rois du Dahomey à Porto-Novo en 1875. A la nuit tombante, devant les cases où se trouvent les crânes des rois défunts, on commence les sacrifices ; on envoie d'abord aux morts des messagers, auxquels on donne, à l'oreille, une commission, afin qu'ils aillent porter dans l'autre monde des nouvelles ; on crépit avec leur sang les cabanes où se trouvent les crânes ; on tue ensuite plusieurs femmes dont le sang sert au même usage. Ces cérémonies durent environ neuf jours. Entre temps, tous les objets ayant appartenu au roi sont déposés devant les têtes des défunts. Le neuvième jour, on massacre de nouvelles victimes dont on apporte les têtes dans les cases. Enfin on met le feu aux cases mêmes, non sans envoyer de nouveaux commissionnaires et de nouvelles compagnes aux rois morts. Dans le même pays, la Fête des Grandes-Coutumes n'était pas moins sanglante : on expédiait annuellement à Abomé des commissionnaires et des

(1) *Annales de la Propag. de la Foi*, 1851, p. 152. *Missions catholiques*, 1874. Les sacrifices d'animaux sont pour ainsi parler universels. On les trouve près du lac de Nyanza (*Miss. cath.*, 1874), dans l'Amérique du Nord (CHARLEVOIX, *op. cit.*, t. VI, p. 196), etc. Le P. CHARLEVOIX rapporte que chez les Natchez, à l'enterrement des chefs, on immolait des enfants, des femmes, parmi lesquelles la nourrice du chef défunt (*op. cit.*, p. 179 sq). On sait que CHATEAUBRIAND a donné des extraits de l'ouvrage du P. CHARLEVOIX à la suite des *Natchez*.

(2) *Missions catholiques*, 1875.

soldats en grand nombre, aux ancêtres royaux, dans des conditions indescriptibles d'atrocité (1). Souvent dans ce pays, on brûle les objets envoyés aux morts aussi bien que les cadavres qu'on leur offre, espérant les leur faire parvenir. Que des sacrifices humains aux morts aient existé un peu partout, cela est bien vraisemblable ; en tous cas, naguère on les constatait encore dans l'Afrique équatoriale, aux îles Marquises, chez les Esquimaux, en Polynésie, au Pérou, etc. Mais ils furent, en divers endroits, remplacés par des offrandes équivalentes. Les dons de cheveux si répandus ont dû avoir parfois cette signification ; les cheveux sont en effet souvent considérés comme une extension de la personne ; on les dépose fréquemment sur les tombes, comme un objet précieux, ce n'est pas alors un rite de purification ; ces sacrifices de cheveux se pratiquaient au temps d'Homère et se font encore chez les Arabes modernes (2)

C'est sans doute aussi dans la même intention que parfois, nous l'avons marqué, on s'inflige des mutilations. En Polynésie, on se lacérait le corps, on se brûlait la peau pour ce motif. On faisait de même chez les Paumoutos (3), les Australiens et les Hottentots. Il convient d'ailleurs de donner à ces cérémonies toute leur signification. L'âme du mort que l'on nourrit n'est pas seulement un ancêtre, un ami, un être cher, elle devient souvent un dieu. Il en fut sans doute ainsi tout d'abord des rois qui étaient dieux de leur vivant ; il en fut bientôt de même des divers ancêtres. L'offrande faite aux esprits devient donc fréquemment un acte religieux. Dès lors le culte de l'ancêtre se développa. On trouve le dieu au tombeau, au foyer, dans ses restes ou ses représentations figurées. On l'intéresse aux vivants par des offrandes (4). Avec lui,

(1) *Missions catholiques*, 1878.
(2) Sur l'idée que se font des cheveux les peuples primitifs, cf. FRAZER, *op. cit.*, t. I, p. 295 ; cf. JANSSEN, *op. cit.*
(3) Cf. *Missions catholiques*, 1874, 355 sq. Nous avons donné plus haut de ces faits une autre explication : les mêmes coutumes n'ont pas toujours la même raison d'être.
(4) Dans l'île des Pins (Nouvelle-Calédonie), les hypogées répondent à ces divers besoins ; on y trouve : 1° la sépulture des ancêtres ;

dans le sacrifice, on renouvelle l'alliance. Le souvenir des morts est une religion véritable, et souvent les âmes des défunts conquièrent cette dernière forme de vie qu'est l'éternité en étant identifiées aux grands dieux. A ce moment, cela n'est pas douteux, plus encore qu'au moment où ils environnent leurs dépouilles de soins minutieux, les divers peuples manifestent leur croyance à la vie future.

Toutes les coutumes que nous venons d'énumérer, le souci que l'on prend du cadavre, les habitudes du deuil, les cérémonies du tombeau, pour barbares qu'elles soient, sont par un certain côté émouvantes : elles témoi-gnent de la foi d'hommes grossiers à la survie des âmes. Sans doute cette foi a des expressions naïves, elle prend des précisions scandaleuses pour nos intelligences accou-tumées aux concepts abstraits d'esprit et de corps, elle inspire des cérémonies révoltantes et odieuses ; elle est une foi cependant, la réponse d'âmes barbares mais confiantes au plus angoissant de tous les problèmes. On ne saurait le constater sans satisfaction, l'âme humaine à toutes les époques de la civilisation a le même instinct infaillible qui la fait espérer par delà la mort. Plaignons avec indulgence et respect les non-civilisés, comme nous plaignons les femmes d'Épire qui déposent encore aujourd'hui, en sortant de l'office, des gâteaux de miel sur les tombes, comme nous plaignons la pauvre mère qui place sur la terre où repose son enfant, des jouets nouveaux, chaque année. Ils sont victimes du même besoin de matérialiser, pour les rendre plus sensibles, les espérances du tombeau ; mais ils témoignent aussi de la même impossibilité, pour l'homme, de croire que tout est fini, lorsque le corps se dissout.

2° le reposoir des crânes ; 3° le lieu du sacrifice. C'est dans ce der-nier que l'on offre la nourriture réservée aux morts. Cf. *Missions catholiques*, 1892. — Nous nous bornons ici à rappeler le culte des ancêtres.

CHAPITRE II

La vie d'outre-tombe.

Le P. Charlevoix (1) décrivait de la façon suivante les idées des Américains du Nord concernant la vie future : « La croyance la mieux établie parmi nos Américains est celle de l'immortalité des âmes. Ils ne les croient pourtant pas spirituelles non plus que leurs génies, et il est vrai de dire que l'on ne saurait bien définir ni les uns ni les autres ; quand on leur demande ce qu'ils pensent de leurs âmes, ils répondent qu'elles sont comme les ombres et les images animées du corps, et c'est par une suite de ce principe qu'ils croient que tout est animé dans l'univers... Ils disent que l'âme séparée du corps conserve les mêmes inclinations qu'elle avait auparavant, et c'est la raison pourquoi ils enterrent avec les morts tout ce qui était à leur usage... D'autres reconnaissent dans tous les hommes deux âmes... Le bonheur dont les sauvages se flattent de jouir dans leur prétendu élysée, ils ne le regardent pas précisément comme la récompense de la vertu : avoir été bon chasseur, brave à la guerre, heureux dans toutes ses entreprises, avoir tué et brûlé un grand nombre d'ennemis, ce sont les seuls titres qui donnent droit à leur paradis, dont toute la félicité consiste à y trouver une chasse et une pêche qui ne manquent jamais, un printemps éternel, une grande abondance de chasses, sans être obligé de travailler, et tous les plaisirs des sens.... Ils se croient assurés d'être heureux dans l'autre monde, à proportion de ce qu'ils l'auront été dans celui-ci... Les âmes des bêtes ont aussi leur place dans les enfers, car, selon les sauvages, elles ne sont pas moins immortelles que les nôtres. » On ne saurait indiquer avec

(1) CHARLEVOIX, *Voyage en Amérique*, t. VI, p. 174 sq., édit. 1744.

plus de précision combien les croyances des non-civilisés sont différentes des nôtres en ce qui concerne la vie
future. Ils ne se représentent pas comme nous : 1° l'âme ;
2° le bonheur après la mort ; 3° la rétribution d'outre-
tombe.

.˙.

§ 1. *L'âme chez les non civilisés.* — L'âme, soit avant,
soit après la sortie du corps, ne possède pas, pour les
sauvages, les qualités métaphysiques que nous sommes
habitués à lui attribuer. Nous allons montrer : 1° qu'elle
leur paraît matérielle sous divers aspects ; 2° qu'ils l'imaginent subtile cependant, comme l'ombre, l'image, le
souffle auxquels ils l'identifient ; 3° enfin qu'ils croient
parfois à l'habitation de plusieurs esprits dans un même
homme.

1° Tout d'abord l'âme leur paraît matérielle ; pour la
plupart d'entre eux, l'âme possède une forme extérieure
analogue au corps, elle est un petit corps habitant dans
le grand. Il en est ainsi, par exemple, chez les Hurons ;
les Nootkas localisent la présence de ce petit corps dans
la tête ; les Malais lui donnent la grosseur d'un pouce ;
les Fidjiens, celle d'un enfant ; aussi ces derniers ont-ils
soin de protéger cet être encore faible contre le soleil au
moment de sa sortie du corps. Parfois l'âme a une
forme animale ; fréquemment on la regarde comme un
oiseau, il en était ainsi chez les Bororos du Brésil, les
Bilqulos, en Mélanésie, chez les Malais ; parfois elle a
la forme d'un lézard comme chez les Santals, d'une
mouche, d'un papillon, d'une souris, etc. Il va de soi
que sous ses formes l'âme a des dimensions, elle est
grande ou petite, grasse ou maigre ; quelques peuplades
en calculent le poids : les habitants de Nias croient que
l'âme, la plus lourde qui fût, pesait environ dix gram-
mes ; chez les Basoutos, elle est plus dense. Dans l'Inde
védique (1), l'âme était considérée comme un petit
homme de la taille d'un pouce. L'art grec la représentait
souvent sous les traits d'un petit être de forme hu-

____

(1) OLDENBERG, *La Religion du Véda*, p. 418 sq.

maine (1). Les Egyptiens avaient des images analogues.

D'ailleurs la conception matérielle que se font de l'âme les non-civilisés apparaît nettement dans les procédés que l'on emploie pour la retenir dans le corps ou l'expulser des demeures. Nous avons rappelé l'habitude si répandue de fermer les extrémités du corps avec de la cire, de la ouate ; de clore les maisons, afin d'empêcher l'âme de s'échapper ; nous avons cité la coutume non moins fréquente de rattraper l'âme avec des hameçons comme à Célébes, chez les Dayakos : à Fidji on la prend au moyen d'écharpes ; en Afrique on se sert de pièges à âmes ; les Algonquins, les Sénégalais, les habitants de l'île Danger connaissent les mêmes instruments. Dans tous ces cas, l'âme est regardée comme matérielle ; il n'en va pas autrement quand, au lieu de vouloir la retenir, on cherche à la chasser. Dans le Queensland on bat l'air avec des bâtons pour l'éloigner. On sait qu'à l'issue de leur fête des morts annuelle, les Japonais procédaient à la chasse des âmes d'une manière analogue. Le balai de l'*everriator* romain qui, après les funérailles, était promené dans la maison du défunt n'avait vraisemblablement pas d'autre objet. Aux *Anthesteria,* nous avons rappelé que les Grecs enduisaient de poix les portes des maisons, afin que les esprits des morts qui ce jour-là erraient par la ville, s'ils avaient l'audace de tenter d'entrer dans la demeure vinssent s'y coller comme des mouches. « Aujourd'hui encore les Bulgares pour écarter les âmes errantes, peignent des croix avec du goudron sur la face extérieure de leurs portes, tandis qu'à l'intérieur ils suspendent un écheveau fait d'innombrables fils... (2) » Les Hottentots crèvent un des murs de leur hutte afin de sortir le cadavre, on bouche

<hr>

(1).Cf. Salomon REINACH. *Répertoire des vases peints étrusques,* t. I, p. 121, 165, 347, et représentation de Méduse dans *Dictionnaire d'archéologie chrétienne.* Art. *Ame,* fasc. VI, col. 1543, 1544. Des représentations de l'âme sous figure humaine se trouvent sur le temple de Luxor. Au musée de Berlin, on possède une représentation de l'âme sous forme d'oiseau à tête humaine. Cf. ERMAN, *op. cit.,* p. 124, 126.

(2) FRAZER, *op. cit.,* t. II, p. 333. Les Grecs enduisaient de poix les murs intérieurs de leurs maisons lors de la naissance des enfants pour éloigner les démons qui s'attaquent aux femmes dans ces circonstances.

ensuite le trou, l'âme se heurte à la muraille, ne pouvant retrouver son chemin. Les Siamois s'efforcent d'égarer l'âme par des procédés analogues. Les Chérémises fixent l'âme à son tombeau avec des clous de fer. On sait que, dans certaines tribus australiennes, l'enterrement définitif se termine par une battue ou chasse de l'esprit que l'on enferme dans la tombe (1). Il résulte de tous ces faits, qu'il serait aisé de multiplier, que l'âme du défunt est considérée comme matérielle.

2° Toutefois, si l'âme est matérielle, elle ne semble pas de même nature que le corps ; elle possède en tout cas certaine subtilité qui le plus souvent la rend invisible à la plupart des hommes. Les Tongans pensent que l'âme est la plus subtile partie du corps, ils la comparent à la fleur par rapport à la tige. Les Groënlandais affirment qu'elle est pâle et molle et, quand on veut la saisir, elle n'est ni chair, ni os, ni nerf. Les Caraïbes, sans la croire immatérielle, l'imaginent éthérée et légère. Les Siamois ont une idée analogue et on sait que, quand Ulysse voulut saisir l'âme de sa mère, « elle s'échappa de ses mains comme un songe » : « ici les nerfs n'enveloppent plus les chairs ni les os, lui expliqua-t-elle, mais sont détruits par la force puissante du feu dévorant ; dès que la vie abandonne les os délicats, alors l'âme légère s'envole comme un songe (2). » Cette subtilité de l'âme se manifeste dans les actions qui lui sont attribuées : elle est plus souple que le corps, elle peut être invisible ou intangible, elle possède une plus grande rapidité de mouvement, elle est l'*être vu en songe*. Ainsi, pendant le sommeil, l'âme va souvent au loin se promener (c'est ainsi du moins que les sauvages expliquent les rêves), elle réaccourt au réveil très rapidement. Pendant cette sortie, elle est sujette à de graves dangers, en particulier à celui d'être empêchée

(1) *Natives Tribes of Central Australia*, by SPENCER and GILLEN, p. 498, 508.

(2) *Odyssée*, ch. xi. *Enéide*, vi, 290 sq. et 700. Cependant le glaive d'Ulysse écartait les ombres. Dans l'*Enéide*, il n'en est pas de même.

de retrouver son propre corps (1). L'émotion produite
par le réveil en sursaut ou le sommeil pénible est attribuée à ces courses que fait l'âme pendant que le corps
reste inerte.

Rien d'étonnant dès lors à ce que chez les classiques,
le sommeil et la mort soient rapprochés. Hésiode appelle
le sommeil le père de la mort, et Homère explique
l'évanouissement comme le sommeil par une sortie
temporaire de l'âme (2). Cette facilité que possède l'âme
chez les non-civilisés, de sortir du corps est telle que souvent ils croient que leur esprit est extériorisé, leur vie
durant, qu'il habite dans un objet, un animal, une
plante, et que leur vie est dès lors attachée à la vie de
ces objets qui en contiennent le principe (3). L'âme
est donc pour eux quelque chose de subtil.

A cette forme éthérée de l'âme conçue comme l'être
vu en songe s'ajoute, chez le sauvage, la forme non
moins impalpable de l'âme conçue comme ombre,
image, souffle ; à ces divers phénomènes il identifie, en
effet, l'esprit qui anime l'homme. « L'âme est ce
qui produit *l'ombre* », a écrit un missionnaire chez les
Fangs (4) Il est certain que chez la plupart des non-
civilisés, l'ombre est regardée comme l'âme du corps,
la frapper, c'est frapper l'âme, la voir décroître, c'est
assister à la diminution de son esprit. Dans les îles
Babar, aux îles Salomon, chez les Arabes, etc., blesser
une ombre, c'est blesser l'âme même. L'heure de midi
est réputée comme dangereuse dans bien des contrées

---

(1) Cf. les nombreux faits cités par FRAZER, *op. cit.*, t. I, p. 191 sq.
Pline l'Ancien rapporte, t. VIII, 52, l'histoire d'un certain Hermotime
dont l'âme s'en alla errer par le monde et, en revenant, trouva son
corps mort.

(2) *Iliade*, XXII, 467 sq. ; *ibid.* XXIII, 69, 102 ; *Odyssée*, XI, 207, 222
OVIDE, *Fastes*, p, 475. Les songes sont attribués aux mânes par VIR-
GILE. Cf. *Enéide*, II, 794, et surtout VI, 893.

> Sunt geminæ Somni portæ : quarum altera fertur
> Cornea, qua veris facilis datur exitus Umbris ;
> Altera candenti perfecta nitens elephanto ;
> Sed falsa ad cœlum mittunt insomnia Manes.

(3) V. FRAZER, *op. cit.*, t. II, p. 395 sq.
(4) *Missions catholiques*, 1ᵉʳ avril 1898.

à raison de la diminution inquiétante de l'ombre. Les Algonquins expliquent la maladie en disant que l'ombre du malade est dérangée. On sait que Dante est reconnu vivant en entrant au purgatoire, à ce signe qu'il possède encore une ombre (1). L'âme des morts s'appelait σκιά chez les Grecs, *umbra* à Rome, et la perte de l'ombre était regardée en Grèce comme un présage de mort (2). Au dire de Plutarque, les Pythagoriciens pensaient que les âmes des morts ne projettent pas d'ombre (3). *L'image et le reflet* du corps dans l'eau ne sont pas moins liés dans l'esprit du non civilisé à l'idée d'âme. Les Fidjiens croient avoir deux âmes, l'une foncée est l'ombre, l'autre claire est le reflet. Comme l'ombre, le reflet peut être blessé et quand on le frappe dangereusement l'homme meurt. Cette croyance est répandue chez les Aztèques, les Zoulous, les Basoutes, en Mélanésie, etc. La coutume de couvrir les miroirs et de jeter les vases d'eau dans la maison du défunt a parfois aussi comme raison d'être la crainte qu'ils ne rendent visible l'âme des assistants et ne l'exposent ainsi à de graves périls. En tous cas si les sauvages se sont refusés si longtemps à laisser faire leur photographie, c'est qu'ils redoutaient qu'avec leur portrait on ne possédât leur âme. Un missionnaire en Nouvelle-Calédonie fut un jour témoin d'une bien curieuse discussion. « Il s'agissait de savoir ce que nos yeux voient, lorsque notre image se reflète dans l'eau ou dans un miroir : Mais, disait le parti du progrès, c'est notre image que nous voyons ; non, répondit le parti des vieux, c'est notre âme » (4). En Grèce (5), c'était un mauvais présage que de rêver que l'on voyait son image reflétée dans l'eau. On pensait que l'eau entraînant le reflet, c'est-à dire l'âme, le corps en demeurerait privé

---

(1) *Divine Comédie*, ch. III et XXVI.
(2) PAUSANIAS, VIII, 38, 6.
(3) PLUTARQUE, *Quest. Græc.*, 39.
(4) *Missions catholiques*, 1880, p. 11.
(5) Sur l'idée que l'on se fait en Grèce de l'εἴδωλον, cf. PERROT et CHIPIEZ, *Histoire de l'Art dans l'Antiquité*, p. 41, 42, et pour le culte des morts et l'immortalité en Grèce cf. EDWIN ROHDE. *Psyche*, Freiburg, 1898, 2 vol.

et que l'on ne tarderait pas à mourir ; M. Frazer n'hésite pas à expliquer l'origine de la légende de Narcisse amoureux de son image et dépérissant à se regarder dans un fleuve par cette même croyance, sur laquelle on greffa des explications postérieures quand on en eut oublié le sens. En tout cas on se servait du mot εἴδωλον pour désigner l'âme des morts. Dans l'Inde védique on trouve des idées analogues : pour rappeler les sens à un malade on a coutume de lui présenter un miroir et c'est un signe de mort de ne pas apercevoir son image (1).

Le souffle, plus encore que l'image et que l'ombre, est regardé comme l'âme du corps. Les diverses coutumes de fermer le nez et la bouche des mourants afin d'empêcher l'âme de partir, sont un témoignage de cette croyance. Dans la Floride, quand une femme mourait en couches, on plaçait l'enfant sur son visage, afin qu'il reçut l'esprit qui s'échappait et qu'il put ainsi hériter de la force et de l'expérience de sa mère (2). Homère nous décrit l'âme du mort qui s'en va comme une fumée par la bouche (3). Chez les Romains, un usage astreignait les proches de l'agonisant à respirer son âme au moment de la mort et dans l'*Enéide*, Enée réclame ce privilège à la mort de Didon (4). *Et, extremus si quis super halitus errat, ore legam.*

Les prières qui d'après l'Atharva-Veda doivent accompagner les soins donnés aux malades ne sont pas moins explicites. « Les passages ne se comptent point qui font dépendre la vie ou la mort du séjour ou du départ de l'*âme*, haleine (5). »

Nous ne pouvons mentionner ici les divers aspects sous lesquels l'âme a été aperçue, parfois elle est identifiée au cœur et au sang. Homère, pour ne citer qu'un classique, décrivant la mort d'Hector, frappé au cœur,

____

(1) OLDENBERG, *op. cit.*, p. 449, note 3.
(2) TYLOR, *op. cit.*, t. I, p. 502, 503.
(3) *Iliade*, XXII, 467 sq.
(4) *Enéide*, X, IV, 684, 685.
(5) OLDENBERG, *op. cit.*, p. 450.

marque que son âme s'en va en gémissant par la blessure (1).

Sans doute ces diverses identifications de l'âme avec certaines parties du corps sont devenues, dans notre langage, de simples métaphores, on dit rendre l'esprit, et on parle d'un grand cœur ; mais ce qui pour nous n'est qu'une image, devient souvent pour le non-civilisé une réalité ; et il faut prendre garde, en interprétant sa pensée, de ne pas lui prêter nos conceptions philosophiques. Il convient de lire avec les mêmes dispositions critiques nos classiques et sans vouloir y retrouver toutes les idées des primitifs, on y reconnaîtra du moins les traces de croyances très anciennes, analogues aux leurs.

3° L'âme est tantôt l'ombre, tantôt l'image ou le souffle, elle est parfois aussi toutes ces choses à la fois, et il arrive alors que l'homme possède plusieurs âmes (2). « Quand l'homme voyait à côté de lui son ombre sur le sol et son image sur le miroir d'une eau réfléchissante, il ne pouvait guère s'empêcher de croire que les trois choses avaient une existence séparée et indépendante l'une de l'autre (3). » Pour le sauvage, le nombre des âmes que possède chaque homme est très variable. Le P. Charlevoix nous rapporte que les Indiens du Nord

(1) *Iliade*, xxii. L'âme est fréquemment identifiée au sang. En nouvelle-Nursie (Australie Occidentale) : « Quand le défunt a péri à coups de *ghichi*, ils prennent l'arme homicide et en brûlent la pointe, afin que l'âme du mort qu'ils croient être restée au bout de cette pointe puissent prendre son vol. » *Missions catholiques*, 1878, p. 247.

(2) Chez les Bantous actuels, écrit Mgr Le Roy, « soit que l'âme humaine ait plusieurs formes distinctes, soit qu'elle ait plusieurs manières de se manifester, c'est elle qui bat dans le cœur et les artères, qui respire, qui brille dans le cristal de l'œil ; elle est le principe de vie et comme telle disparaît momentanément quand l'homme tombe en syncope ou en léthargie et définitivement quand il meurt. Elle est aussi une substance éthérée qui pendant le sommeil du corps reçoit la visite des autres esprits, qui va les voir, qui s'occupe, qui rêve. Elle est une voix intime qui nous parle à nousmêmes, nous inspire de bons et de mauvais sentiments, nous porte au bien et au mal, nous cause de la joie ou du remords. Elle est enfin peut-être représentée par cette extériorisation de notre personne qui s'appelle l'ombre, plus frappante et plus vivante dans les pays du soleil que dans les nôtres. » *La Religion des Primitifs*, p. 141, 142.

(3) Amélineau, *Prolégomènes à l'étude de la Religion égyptienne*, p. 412.

de l'Amérique pensaient avoir deux âmes dont l'une restait au tombeau (1). Les Paumotous « supposaient dans chaque homme plusieurs âmes dont une au moins restait avec le corps dans la tombe » (2). Les Fidjiens comptent deux âmes : l'ombre, « esprit noir » et le reflet, « esprit léger ». Il en est de même en Polynésie. Les Malgaches en distinguent trois : à la mort, l'une se change en air pur, l'autre s'évanouit, la troisième reste près de la tombe. Les Dakotas, les Indiens de la rivière Fraser, les Siamois, les Khoudes en ont imaginé quatre. Les Caraïbes supposaient qu'il y a une âme dans la tête, une autre dans le cœur, d'autres enfin dans tous les endroits du corps où l'on sent battre une artère. Les Dayaks de Bornéo et les Malais en comptent sept. « D'après les indigènes du Laos, le corps est habité par trente esprits qui ont leur siège dans les mains, les pieds, la bouche, les yeux, etc... » (3). On trouverait des traces de croyances analogues dans la plupart des religions anciennes. Les Egyptiens, au dire de M. Amélineau (4), reconnaissaient au moins dix parties dans le composé humain : le corps, l'ombre, le ka (5), le cœur, etc..., ces divers éléments, recevaient, après la mort, une affectation qui a varié aux diverses époques de la civilisation égyptienne. Au moment où fut composé le *Livre des morts*, il semble que ces éléments, tout en demeurant dans le tombeau, formaient, en se rassemblant dans les Enfers, un être nouveau, dont les péripéties de voyage et la vie nous sont rapportées (6). Selon M. A. Croiset (7), on retrouverait dans la Grèce du temps d'Homère des restes d'une époque plus primitive et qui témoignent des croyances analogues. La ψυχή, « souffle matériel, principe vital », fait naître comme deux âmes distinctes dans le corps dès qu'elle y entre, le

(1) *Op. cit., ibid.*
(2) *Missions catholiques*, 1871, p, 355.
(3) FRAZER, *op. cit.*, p. 410.
(4) *Op. cit.*, p. 410.
(5) M. MASPERO traduit ce mot par : le *double* ; M. BUDGE par : *spiritual body* ; M. AMÉLINEAU par *l'image.*
(6) AMÉLINEAU, *op. cit.*, 478. ERMAN, *op. cit.*, p. 131 sq.
(7) *La civilisation de l'âge homérique.* (*Revue des Cours et Conférences*).

θυμὸς qui est la chaleur des passions et le νόος *(1)* qui est l'intelligence ; chacune de ces âmes est localisée dans une partie du corps. Après la mort le ψυχή s'en va avec le νόος et le θυμὸς comme une fumée qui sort de la bouche et en poussant un petit cri. Il semble que, après la sépulture, le tout se rende dans l'Hadès. Toutefois, Hercule habite parmi les immortels, son image seule est dans les enfers. Enfin on connaît les dystiques latins si précis dans leur signification :

> Bis duo sunt homini : manus, caro, spiritus, umbra.
> Quatuor hæc loci bis duo suscipiunt.
> Terra tegit carnem, tumulum circumvolat umbra,
> Manus orcus habet, spiritus astra petit.

Sans doute, tous les sauvages n'admettent pas cette multiplicité des âmes ; ce n'est même peut-être pas la croyance la plus commune ; mais elle indique bien les idées confuses que sur ces questions si importantes, les non-civilisés ne craignent pas d'accueillir. L'âme après la mort est donc, pour eux, quelque chose de vivant, à la fois corporel et spirituel et parfois multiple.

* * *

§ 2. *La condition de la vie future des morts.* — De l'idée que le sauvage se fait de l'âme et de sa survivance, dérive une conception assez grossière et assez puérile du bonheur de l'autre vie. Sans entrer dans l'exposé touffu des divers mythes concernant la vie d'outre-tombe, nous nous bornerons à indiquer : 1º les diverses opérations qu'ils attribuent aux âmes des défunts et 2º le lieu qu'ils assignent à ce bonheur futur.

1º Tout d'abord la vie future apparaît aux sauvages comme la prolongation de la vie présente. Et il faut l'entendre rigoureusement. Ainsi « les Mazaïens croient

---

(1) PLATON a synthétisé cette distinction devenue célèbre, il y a ajouté l'ἐπιθυμία ; mais pour lui la ψυχή est l'ensemble de ses facultés et résulte de leur union ; tandis que pour Homère, elle ne semble être un principe distinct, un souffle matériel qui donne naissance au νόος et au θυμὸς en même temps qu'il crée la vie. PLATON a également utilisé en partie la localisation ancienne.

que les esprits de ceux qui meurent de mort naturelle sont faibles et débiles, puisque leurs corps sont affaiblis ; au contraire les esprits de ceux qui sont tués dans le combat, sont forts et vigoureux parce que leurs corps n'ont pas encore été atteints par la maladie ». Les Barongas croient que dans le monde d'outre-tombe, les esprits de leurs ancêtres morts conservent exactement la physionomie et l'aspect qu'avaient au moment de la mort les corps auxquels ils appartenaient, les esprits sont jeunes ou vieux, suivant l'âge auxquels sont morts ceux qu'ils aimaient. Il y a par exemple des esprits enfants qui se traînent à quatre pattes, et dont les traces, d'après la légende, se voient sur le sol, dans le bocage sacré de Matolo. Certains hommes préfèrent donc se tuer ou se faire tuer en pleine vigueur, afin que, dans la vie future, leur esprit soit robuste et vigoureux au lieu d'être décrépit et usé par la maladie. A Fidji « le suicide n'est pas rare ; car les Fidjiens pensent qu'ils resteront toujours tels qu'ils étaient au moment de leur mort et qu'ils échappent ainsi à la décrépitude ». « Le suicide des vieillards, qui est un de leurs usages les plus extraordinaires, écrit un voyageur, se rattache à leurs superstitions sur la vie future. Ils croient que l'on entre dans les délices de leur paradis avec les mêmes facultés mentales et physiques que l'on avait au moment de la mort ; bref que la vie comme esprit commence pour chacun au moment où prend fin la vie terrestre. Dans ces conditions, il est naturel qu'ils veulent passer de l'une à l'autre avant d'avoir leurs facultés affaiblies au point de ne pouvoir jouir de la félicité qui les attend (1) ».

On trouve des pratiques analogues aux Nouvelles-Hébrides et en Abyssinie. Les Indiens croyaient que les morts arrivaient dans l'autre monde, blessés et mutilés comme ils l'étaient ici-bas. L'Australien qui a tué son ennemi lui coupe le pouce droit pour l'empêcher de lancer sa lance. On retrouvait des coutumes analogues chez les Grecs. Et dans l'Hadès les morts conservent les attributions qu'ils avaient sur la terre : Minos juge les

____

(1) FRAZER, *op. cit.*, t. II, p. 15 sq.

Mânes, Orion poursuit à travers les prairies d'asphodèles les monstres qu'il immola jadis sur les montagnes ; Tytius a son foie rongé par les vautours (1) ; certaines ombres paraissent blessées par de longues lances. Il en est, en partie, de même dans l'*Enéide*. Les ombres portent dans les Enfers les traces de leurs blessures. Didon saigne encore (2) et Deiphobe a le corps couvert de sanglantes plaies, le visage déchiré, les deux mains coupées ; le malheureux cherche en tremblant à dissimuler les traces d'un supplice cruel (3).

Quelle que soit d'ailleurs l'idée que les non-civilisés se font sur ce point spécial, la vie d'outre-tombe est pour eux bien semblable à la vie présente. Les Peaux-Rouges de l'Amérique du Nord espèrent revivre dans de vastes champs peuplés de gibiers divers. Les Esquimaux vivent de pêches abondantes. Pour les Australiens, fumer, boire et manger à discrétion, tel est le bonheur futur. Les Néo-Zélandais assimilent le paradis à un long festin. Les Taïtiens y ajoutent d'autres plaisirs. Les Méxicains pensaient trouver, au milieu des montagnes, le délicieux jardin de *Tlatocan* où le maïs, les courges, le piment et les tomates poussent toujours à profusion. Les Iroquois imaginent une vie future absolument semblable à la vie présente, etc. Les Bantous morts vivent « dans un monde qui n'a pas de soleil, qui est sombre et qui est froid. Chacun y apporte ses passions, ses affections, ses préférences, ses rancunes et ses haines (4). » On sait que la demeure des morts, l'Hadès, est un lieu planté d'asphodèles, de plantes teintes, aux couleurs pâles (5), où les ombres mènent une vie un peu effacée, mais semblable à celle des vivants. Dans l'*Enéide*, Virgile dépeint les jeux des ombres ; la palestre, la lutte, la promenade des chars ou à pied sous de frais ombrages semblent être leurs occupations favorites (6). En Egypte, « la vie future est également copiée sur la vie présente dans ce

(1) *Odyssée*, ch. XI.
(2) *Enéide*, ch. VI, 450.
(3) *Id., ibid.*, ch. VI, 494, sq.
(4) LE ROY, *La Religion des Primitifs*, p. 157.
(5) HOMÈRE, *Iliade*, X, 405, *Odyssée*, XI, 218, 425.
(6) Ch. VI, cf. Gaston BOISSIER, *La Religion romaine*, t. I, p. 263, sq.

qu'elle a de plus attrayant ». Et les îles « champ des mets », « champ Earou » où les morts passent leur vie, sont analogues à celles que forme le Nil (1).

A défaut de descriptions aussi précises de la vie d'outre-tombe, le culte des morts suffit à attester la conception qu'ils se font de l'existence supra-terrestre. Nous en avons précédemment donné une idée. Si on dépose auprès des morts tout un nécessaire de voyage, de chasse et de pêche, si on jette des lettres sur leur bûcher funèbre (2),si l'on tue, afin de les leur envoyer, des femmes, des serviteurs, des enfants, si on leur apporte des aliments, si enfin on leur offre périodiquement des banquets, c'est que l'on espère ainsi leur être utile. La question de nourriture semble avoir pour eux une importance particulière. Au Congo, on introduit, nous l'avons dit, chaque mois par un conduit qui aboutit à la bouche du défunt, des victuailles et des boissons. On sait l'universalité des repas funéraires périodiques auxquels on invite les mânes, et des offrandes alimentaires faites sur les tombeaux (3). Les ombres de l'Hadès étaient avides de boire le sang qu'on leur offrait et elle se précipitent auprès d'Ulysse pour goûter celui qu'il venait de répandre. Tirésias s'en nourrit, et réconforté, fait entendre ses prédictions (4). Les sacrifices aux morts dans l'Inde Védique sont également une offrande alimentaire (5), qui constitue la félicité des ombres (6). On peut s'en tenir à ces exemples d'offrandes alimentaires. Avec la nourriture on a soin d'offrir aux morts d'autres objets utiles. Les Egyptiens poussaient la délicatesse sur ce point jusqu'à mettre à la portée de l'esprit un mobilier complet : coffrets à linge, livres, jeux, et rien n'était oublié. Les objets trouvés dans les tombes grecques anciennes sont fort divers, bijoux, parures, images,

---

(1) Cf. NAVILLE, *La Religion des anciens Egyptiens.* p. 63. ERMAN, *op. cit.*, p. 131. sq.

(2) Cette coutume existait chez les Gaulois. Cf. DIODORE DE SICILE, V, XXVIII.

(3) Cf. plus haut.

(4) Cf. *Odyssée*, ch. VI.

(5) OLDENBERG, *op. cit.*, p. 472.

(6) *Id., ibid.*, p. 456-457, sq.

statuettes, corbeilles, jouets, argent, etc. (1). Solon fut obligé d'interdire de donner aux morts de trop somptueux vêtements.

Les Indiens de l'Amérique du Nord n'oubliaient pas d'enterrer les morts avec leurs plus belles fourrures. Les Sioux mettent près de lui une pipe, du tabac et d'autres objets utiles. Chez les Esthoniens du Nord de l'Europe on n'omet pas le fil, les aiguilles, les brosses et le savon. Les Chinois se montraient plus pratiques encore : on sait qu'ils munissaient les défunts de papier-monnaie. Valère-Maxime rapporte que les Gaulois n'hésitaient pas à prêter de l'argent à condition qu'on le leur rendît dans l'autre monde (2). En Nouvelle-Nursie, on allume du feu, aux endroits fréquentés autrefois par le mort, afin qu'il puisse venir s'y réchauffer pendant la nuit (3).

C'est la même préoccupation de procurer aux défunts une vie confortable dans l'autre monde qui a fait immoler tant d'animaux, d'esclaves, de femmes sur les tombeaux. Nous avons cité précédemment certaines pratiques répandues en Afrique et dans l'Amérique du Nord. On sait qu'Achille sacrifie à Patrocle des chevaux, des chiens et douze jeunes Troyens (4). Dans l'*Enéide*, Enée saisit huit jeunes captifs qu'il immolera aux mânes de Pallas (5). Le même motif avait inspiré cette coutume romaine de faire lutter et mourir des gladiateurs sur le bûcher des gens riches. Hérodote rapporte que chez les Scythes (comme chez les Dahoméens modernes), on enterrait avec le roi une concubine, un cuisinier, un serviteur, des chevaux... des coupes d'or (6). Les Gaulois avaient, au dire de César, des coutumes analogues (7) et on les retrouve jusque dans la Gaule franque (8). En ce qui concerne les sauvages nous

---

(1) Cf. POTTIER et Salomon REINACH, *La Nécropole de Myrina*, et PERROT et CHIPIEZ, *op. cit.*
(2) VALÈRE-MAXIME, t. II, vi, 10.
(3) *Missions catholiques*, 1878, p. 247.
(4) *Iliade*, XXIII, 166, 176.
(5) *Enéide*, x, 518, 520.
(6) HÉRODOTE, *Histoire*, IV, 71, 72.
(7) *De Bello Gallico*, t. VI, 19.
(8) GRÉGOIRE de TOURS, *Historia Francorum*, V, 36.

renvoyons à ce que nous avons rapporté dans la *Religion des non-civilisés* (1).

Le bonheur de l'âme pour les peuples barbares est, on le voit, assez semblable au bonheur humain, il comporte le même programme de joies que peut rêver pour sa vie d'ici-bas un sauvage dont l'esprit n'est pas difficile en ce qui concerne la qualité ni l'élévation morale du plaisir et qui s'imagine que l'âme est une sorte de corps un peu plus subtil.

2° Au fond ce bonheur futur diffère surtout du bonheur actuel en ce qu'il est éprouvé en un autre endroit. L'âme qui jouit de la vie future est en effet ordinairement placée dans un lieu spécial. La conception de ces sortes de paradis est fort variée. A Bornéo, à Java, il semble qu'il se trouve sur une montagne. Les Chiliens le placent par delà la mer. Certains Australiens croient que l'esprit du mort se dirige vers le soleil couchant dans l'île des ancêtres. Homère place le séjour des morts à l'extrémité de l'immense Océan, chez les Cimmériens (2). Hésiode met dans les Iles Fortunées sur le vaste Océan, les héros bienheureux de l'âge d'airain (3), et Pindare y introduit d'autres âmes (4). Souvent c'est au contraire dans un souterrain que sont censées se réfugier les ombres des défunts. Les Tacullis de l'Amérique du Nord possédaient cette croyance. Les Brésiliens, les habitants de Samoa, les Zoulous, les Karens, les Banhars, la connaissaient également. Chez les Grecs l'Hadès était souterrain. Dans *l'Odyssée,* cette conception se retrouve à côté de celle que nous avons précédemment citée (5). C'est en tout cas celle d'Hésiode, de Sophocle, de Lucien. La tradition marquait les trous par lesquels les morts revenaient sur la terre aux *Antesteria* ou en d'autres circonstances. On sait qu'Enée pénétra dans les Enfers par un trou de l'Averne. « Lorsqu'on fondait une ville, on commençait par creu-

(1) P. 36 sq. et 137 sq. Cf. aussi TYLOR, *op. cit.*, t. I, p. 548 sq.
(2) *Odyssée*, XI, 13.
(3) *Travaux et jours*, 165.
(4) *Olymp.* II, antistr., 4.
(5) Cf. ch. XXIV.

ser un trou rond qui avait la forme d'un ciel renversé et chacun des habitants nouveaux venait y déposer une motte de la terre natale. Le trou s'appelait *mundus*. le fond en était fermé par une pierre des mânes, *lapis manalis* ; on croyait que c'était une des portes de l'empire souterrain. Trois fois par an, le 24 août, le 5 octobre et le 8 novembre, on levait la pierre et on disait que le *mundus* était ouvert. Ces jours-là, les âmes des morts venaient visiter leurs descendants.

« Pour leur faire honneur (?) on interrompait toutes les affaires, on ne livrait pas de batailles, on ne levait pas d'armées, on ne tenait pas d'assemblée populaire, on ne pouvait faire enfin que ce qu'ordonnait la plus impérieuse nécessité. Cette superstition suppose qu'on croyait alors que le centre de la terre était le séjour commun des âmes. C'est là, disait-on, que sont situés les trésors de la mort, que le terrible Orcus garde avec un soin jaloux (1) ». Dans quel endroit convient-il de placer la *Daït* des Égyptiens ? dans les entrailles de la terre sans doute, en tout cas en dehors de notre ciel et de notre terre. On y avait accès par la *Bouche de la Fente* (2). Parfois c'est au ciel que se trouve le lieu du repos des morts. Il en était ainsi chez certains Indiens de l'Amérique du Nord, chez les insulaires du Pacifique, chez divers Zoulous, en Nouvelle-Zélande, en Australie. Il convient d'observer que, pour ces divers peuples, le ciel est une sorte de voûte solide qui repose sur la terre et qui peut contenir des prairies et des habitations analogues à celles que l'on retrouve ici-bas ; des ouvertures y sont pratiquées par lesquelles passent les eaux et les âmes.

Ces diverses localisations de l'âme n'ont pas d'ailleurs toujours la précision souhaitable, et il n'est pas rare de voir de ces esprits naïfs croire que l'âme des morts réside à la fois dans la tombe et au ciel. Il est enfin des contrées où l'on pense que les âmes se réincarnent. On

____

(1) Gaston Boissier, *op. cit.*, t. I, p. 270.
(2) Cf. Amélineau, *op. cit.*, p. 497. Naville, *op. cit.*, p. 77. Erman, *op. cit.*, p. 131 sq.

trouve cette pensée répandue en Afrique (1) et en Australie et les infanticides sont de ce fait regardés comme indifférents (2). Les Groenlandais croient que les âmes de leurs parents recommencent à vivre dans de nouveaux corps. Les Algonquins prétendent que « l'une des deux âmes ne quitte jamais le corps si ce n'est pour passer dans un autre, ce qui n'arrive pourtant guère, disent-ils, qu'aux âmes des enfants, lesquelles ayant peu joui de la vie obtiennent d'en recommencer une nouvelle (3). C'est pourquoi ils enterrent les enfants le long des grands chemins, afin que les femmes puissent en passant recueillir leurs âmes » (4) Les Mongols ont une croyance analogue, et l'endo-cannibalisme a parfois pour but cette réincarnation. On retrouverait l'idée de la métempsycose chez les Hurons, les Iroquois, les Sud-Américains, etc. Le nombre des morts successives est d'ailleurs varié, chez certains Dayaks, il est de trois seulement. A Célèbes, il en est de même ; les indigènes de Nias croient à neuf morts ; les êtres dans lesquels s'opère la réincarnation sont fort divers, depuis les champignons comme chez les Ilo-Ngadju jusqu'aux hommes en passant par les diverses espèces animales et végétales, cerfs, sangliers, palmiers ; en certains endroits la transformation se fait même en rosée (5). Ailleurs les morts sans renaître sont immortalisés, assimilés aux dieux ; on sait qu'il en fut ainsi en Egypte à une certaine époque. Aux îles Sandwich, les morts étaient offerts à la déesse Pelé et au dieu Requin qui les divinisaient (6).

---

(1) Cf. LE ROY, *op. cit.*, p. 153.

(2) Cf. SPENCER et GILLEN. Nous avons exposé cette théorie dans la *Revue du Clergé français* du 15 février 1908.

(3) Les enfants ont parfois une situation à part dans l'autre monde. Cf. *Enéide*, VI, 246. On la retrouverait également en Grèce. Cf. PLATON, *Rep.*, X, 615. Cf. PLUTARQUE, *Consolat. a Appolon.*, p. 27. Chez les sauvages, la plupart du temps les âmes des enfants reviennent à la vie dans de nouveaux corps. En Afrique, on marque même le mort afin de le reconnaître quand il réapparaîtra.

(4) CHARLEVOIX, *op. cit.*, t. VI, p. 75.

(5) Des faits curieux sont cités par HERTZ, *op. cit.*, p. 98, 99. On sait que la métempsycose eut dans l'Inde et eu Grèce une fortune particulière.

(6) *Missions catholiques*, 1874, p. 355.

Quel que soit le lieu assigné au séjour définitif de l'âme, cette dernière est ordinairement obligée de surmonter, avant de l'atteindre, et dans l'autre monde, des difficultés de nature diverse qui sont la condition de son bonheur. Chez les Hurons, les âmes doivent, avant d'arriver au paradis, traverser des rapides périlleux sur une poutre tremblante. Les Algonquins font passer les esprits des morts sur un pont fait de serpents entrelacés. On trouve une idée analogue à Java. Chez les Tongans, le voyage se fait en canot. On sait que le *Livre des morts* donnait aux morts égyptiens les diverses indications nécessaires pour échapper à tous les dangers d'outre-tombe (1) et arriver au lieu du repos. Le jugement d'Osiris était l'une de ces épreuves, du moins dans l'Egypte du Moyen-Empire. Dans les poèmes grecs et latins, des guides sont nécessaires non seulement aux héros qui s'aventurent dans l'Enfer, mais aux âmes mêmes. On connaît les fonctions d'Anubis, de Caron et d'Hermès psychopompe. Il n'est dès lors pas étonnant que toutes les âmes n'atteignent pas le but désiré ; celles dont les corps n'ont pas été l'objet de funérailles, celles qui ne possèdent pas les amulettes ou les incantations requises, celles qui n'ont pas l'obole nécessaire restent à l'entrée du champ d'Earou, de l'Hadès ou de l'Enfer ; elles attendent malheureuses un meilleur sort. Et c'est pour elles plutôt un accident naturel, qu'une punition ; la fatalité les poursuit plutôt que le châtiment.

Il arrive même chez certaines peuplades que les âmes qui restent en route sont considérées comme mortes. En Guinée, un dieu farouche leur coupe la tête. Les âmes des Fidjiens ont tout à redouter de *Samu* le tueur d'âmes. Les Groenlandais plaignent les pauvres âmes qui doivent en hiver ou pendant une tempête traverser la terrible montagne qui se trouve sur le chemin de l'autre monde ; là, en effet, il peut arriver un accident et l'âme peut en mourir (2). Même les âmes qui ont

(1) Ces dangers étaient très nombreux : crainte de perdre le cœur, la bouche, la tête, danger de corruption du corps; manque de nourriture, de boisson, etc.
(2) Cranz, *Groenland*, p. 259, cité par Tylor, *op. cit.*, t. II, p. 29.

atteint le séjour définitif ne sont pas sans inquiétudes. Chez les Bantous, les enfants, les esclaves, les gens de rien n'ont pas d'esprit qui persiste longtemps après eux ; les âmes des hommes libres elles-mêmes finissent par tomber dans une certaine torpeur dont elles ne se relèvent plus. En Guinée les âmes mauvaises y sont noyées. L'âme du nègre subit souvent le même sort. Les Paumotous font faire aux esprits mauvais des morts de longues excursions avant qu'ils ne meurent aux Enfers (1). Chez les Egyptiens, les âmes qui ne possèdent pas les mots magiques, tantôt meurent, tantôt souffrent la faim et la soif, suivant les temps. Le bonheur futur que rêvent les peuples non civilisés est donc en rapport, par sa grossièreté et son incohérence, avec l'idée qu'ils font de l'âme. Comme la conception de cette dernière, il comporte des éléments matériels très nombreux. Mais cette représentation du bonheur d'outre-tombe comporte-t-elle des préoccupations d'ordre moral ? c'est la question qu'il nous reste à examiner.

*** ***

§ 3. *Arguments des non civilisés en faveur de la vie future.* — L'idée de rétribution est l'argument rationnel le plus convaincant sur lequel s'appuie la croyance à la vie future chez nos contemporains. En est-il de même chez les sauvages ? Quelle place ont donné ces peuples grossiers à l'idée de justice et de bien dans leurs conceptions de la mort ? 1° Nous remarquerons tout d'abord que si l'idée de récompense future n'est pas absolument étrangère à tous, elle n'est nullement pour eux le premier fondement de leurs croyances. 2° Nous verrons ensuite que pour eux le problème de la justice future ne se pose ni toujours, ni d'une façon très équitable.

1° La preuve la plus claire de la survie de l'âme pour le sauvage se trouve dans les apparitions des morts. Nous leur appliquerions justement les réflexions que M. Gaston Boissier exprimait à propos des classiques. « Selon Cicéron, écrit-il, ce qui la répand et l'accrédite surtout (la croyance à la vie future), ce sont les appa-

<hr>

(1) *Missions catholiques*, 1874, p. 355.

ritions nocturnes et la foi que leur accordent des âmes naïves qui ne savent pas encore remonter de l'effet à la cause. Quand on croyait voir la nuit les parents et les amis qu'on avait perdus, on ne pouvait pas douter qu'ils ne fussent vivants. Achille après avoir vengé Patrocle s'endort près de la mer retentissante plein de douleur et de regret. Pendant son sommeil, il voit son ami qui vient lui réclamer un tombeau : « Dieux bons ! s'écrie-t-il, dès qu'il se réveille, il subsite donc jusque dans les demeures de l'Hadès quelque reste de vie ! » Cette réflexion devait venir à l'esprit de tous les gens qui avaient cru voir un mort dans leurs rêves, et ce qui avait été à l'origine une des causes de la croyance à l'immortalité de l'âme en resta jusqu'à la fin, pour beaucoup de personnes, la preuve la plus sûre. Elle était même devenue si populaire qu'un Père de l'Église, saint Justin, n'a pas hésité à s'en servir. Toute l'antiquité a cru fermement à ces apparitions. Beaucoup en avaient grand'peur ; quelques-uns les souhaitaient comme un moyen de se rapprocher un moment des êtres chéris qu'ils avaient perdus. Tantôt on leur demandait de vouloir bien venir visiter les vivants qu'ils avaient aimés : « Si les larmes, leur disait-on, servent à quelque chose, montre-toi à nous dans les songes. » Tantôt on priait humblement les puissances de l'Enfer de ne pas mettre d'obstacle à ces voyages. « Mânes saints, dit une femme qui vient de perdre son mari, je vous le recommande : soyez-lui indulgents pour que je puisse le voir aux heures de la nuit. » Des gens qui croyaient avec cette assurance que les morts venaient s'entretenir avec eux n'avaient pas besoin qu'on leur démontrât l'immortalité de l'âme, puisque, pour ainsi dire, ils la voyaient (1) ». Il n'en va pas autrement pour

(1) Gaston Boissier, *La Religion Romaine*, t. I, p. 265, 266. Voici le texte de saint Justin auquel il est fait allusion : « Vous ne devez pas laisser de croire et d'être persuadé que c'est la vérité (que la mort ne détruit pas tout sentiment). La nécromancie, l'inspection du cadavre d'un enfant innocent, l'évocation des âmes humaines, les pratiques de ceux qui, d'après la Magie, envoient des songes ou de ceux qui y assistent, les opérations de ceux qui possèdent cette science, doivent être, pour vous, une preuve que les âmes conservent le sentiment

les non-civilisés : leur croyance a le même fondement expérimental. Nous le signalons sans nous y attarder ; nous avons déjà marqué en effet, cette influence des songes, en établissant que l'âme du mort est souvent identifiée à l'image vue en rêve et partant conçue sous forme éthérée. Les Weddahs de Ceylan croyaient aux esprits parce que leurs parents morts les visitaient en songe ; les Mangajds de l'Afrique méridionale basaient sur le même fait leur croyance à la vie future... La croyance à la vertu des fantômes est si universelle d'ailleurs, qu'elle a donné naissance à une institution ; celle des sorciers, des devins, des voyants de profession, qui par divers procédés se procurent des songes, c'est-à-dire la visite et la possession des esprits, afin de prédire l'avenir (1). D'ailleurs, les descentes aux enfers ne sont pas le privilège des littératures classiques. Les sauvages savent aussi d'expérience l'état des âmes après la mort. Tantôt un héros (Ojibwa, dans l'Amérique du Nord) est la principale source des renseignements que l'on possède sur le monde d'outre-tombe ; mais il n'est pas le seul à avoir fait vivant ce voyage, d'autres l'ont fait et le font après lui. Aujourd'hui encore, les Zoulous croient tenir leur topographie du monde des âmes de hardis explorateurs, qui sont descendus par des trous qui s'ouvrent dans le sol. En Nouvelle-Zélande, en Guinée, au Dahomey, etc., il en est de même. Témoignages individuels, expérience personnelle, récits de tradition, tels sont les arguments les plus importants que font valoir en faveur de la vie future les peuples dits primitifs. Sans doute ces croyances sont soutenues par une sorte d'instinct, de besoin de survivre, irraisonné. Ces sentiments primordiaux, si on

après la mort. Voyez encore ces hommes qui sont saisis et secoués par les âmes des morts, que tout le monde appelle démoniaques et furieux, voyez les oracles d'Amphiloque, de Dodone et de la Pythie et tant d'autres ; voyez le témoignage des écrivains, d'Empédocle et de Pythagore, de Platon et de Socrate, la fosse d'Homère, et la descente d'Ulysse visitant ces mystères et mille faits analogues racontés par les auteurs. Admettez notre témoignage au même titre que le leur... » L'*Apologie*, XVIII, 3, 4, 5, nous donne la traduction PAUTIGNY... collect. HEMMER, LEJAY.

(1) Cf. *La Religion des non civilisés*, p. 43, sq.

les explicitait, révéleraient peut-être des éléments plus rationnels et plus élevés, du moins est-il certain que pour les justifier c'est aux raisons que nous venons de marquer que les sauvages ont recours tout d'abord.

2° Doit-on également faire une place à l'argument de rétribution ? Les sauvages n'ont-ils pu concevoir cette idée si simple qu'il faut bien un autre monde pour récompenser les bons et punir les méchants ? La question a été longuement discutée et il semble qu'elle ne comporte pas de solution simple. Demandons-nous plutôt quelle idée de justice se peut trouver dans la conception que se font les sauvages de la vie future. Tylor a écrit assez judicieusement : « Si nous étudions, chez les peuples sauvages et barbares, les vertus qui assurent le bonheur futur, nous pouvons citer en première ligne la bravoure, le rang social occupé sur cette terre, l'accomplissement des devoirs religieux. Toutefois, et c'est là une règle générale, dans les religions des peuples non-civilisés, la destinée de l'âme après la mort semble dépendre très rarement d'un jugement motivant des peines et des récompenses (1). » Mgr Le Roy paraît exprimer une idée analogue dans son travail sur les *Pygmées* (2). « Que l'homme après la mort, écrit-il, soit récompensé ou puni, c'est une question sur laquelle les uns se prononcent dans le sens de l'affirmative, comme les Fangs qui ont leur *Totolan,* un enfer de feu ; les autres paraissent n'avoir pas conscience de cette justice future, et la plupart en tout cas s'en préoccupent fort peu... L'important pour eux n'est pas la vie future mais la vie présente... En général, plus un homme a été puissant, riche, savant, grand en bonté ou en malice, plus son ombre a de pouvoir pour le bien ou pour le mal dans l'au-delà du tombeau. » Il semble, en effet, que chez le non-civilisé, le plus souvent la vie future étant la continuation de la vie présente, sous une autre forme, chacun reçoive après la mort la destinée à laquelle donnent droit son rang et sa situation en ce monde. Des peuples ont cru que les

(1) TYLOR, *op. cit.*, t. II. p 108, 109.
(2) *Missions catholiques*, 1898, p. 161, 162; cf. aussi *La Religion des Primitifs*, p. 157, 161.

grands jouiraient de l'immortalité à l'exclusion des petits. En Nouvelle-Zélande, les chefs étaient seuls appelés à revivre, les gens du peuple mouraient entièrement.

Chez les Bantous, les chefs et les voyants ont seuls des *mi-zimu* qui leur survivent ou qui du moins vivent heureux dans l'autre monde. Les autres hommes ou sont engourdis, ou restent dans l'autre vie ce qu'ils étaient ici-bas. Aux îles Tonga, les hommes nobles allaient au ciel, ceux du commun périssaient tout à fait. Les Algonquins pensaient que les chefs et les sorciers iraient dans le ciel rejoindre leurs ancêtres, les gens du peuple mouraient dans le tombeau. Chez les Tahitiens, le paradis était réservé à la classe aristocratique des Aréois et aux chefs généreux envers les prêtres, les autres allaient en enfer. « Ils ne supposent pas que la nature de leurs actions puissent influencer en quoi que ce soit sur leur état futur (1). » On trouverait des croyances analogues à Noukahiva, à Hawaï; à Tonga les morts de marque sont conduits au paradis, les autres sont dévorés par un géant. Au Mexique, on avait des idées semblables, et dans la religion péruvienne, les Incas seuls sont reçus dans la demeure du Soleil leur père. A Sumatra les hommes riches et puissants vont au ciel, les pauvres n'y rentrent guère. Chez les Egyptiens il semble que d'abord seuls les grands et les rois qui pouvaient se procurer des tombeaux et des statuettes pour fixer le double aient survécu. M. Maspero a remarqué qu'à certaines époques, les gens de rien en inscrivant leur nom sur les figurines qui devaient servir l'ombre du grand, avaient réussi à s'assurer du service dans l'autre monde et par là une immortalité (2). On fabriqua aussi des poupées de bois que l'on glissait près des tombeaux riches espérant que le double du pauvre s'y fixerait et participerait à la nourriture que l'on portait au grand (3).

Faut-il voir du moins une idée de rétribution de morale dans la récompense attribuée, non plus aux

(1) Cook, *Troisième voyage autour du monde*, t. II, p. 239.
(2) Cf. Maspero, *Bulletin de l'Institut égyptien*, 1904, p. 377-386.
(3) Cf. Erman, *op. cit.*, p. 197.

chefs, mais aux habiles de ce monde ? Nous ne le pensons pas. Les Groenlandais, au dire de Cranz, n'envoient dans le paradis que les travailleurs infatigables, ceux qui ont accompli des actions héroïques, captivé de nombreux phoques, etc. Le P. Charlevoix rapporte que les tribus de l'Amérique du Nord ne faisaient entrer au ciel que les bons chasseurs et les bons guerriers. « Ils se croient assurés d'être heureux dans l'autre monde à proportion de ce qu'ils l'auront été dans celui-ci (1). » Les Indiens de Virginie mettent au paradis leurs compatriotes, en enfer leurs ennemis. Au Brésil, telle peuplade pensait que les hommes vertueux par excellence, c'est-à-dire ceux qui ont mangé un grand nombre d'ennemis, étaient récompensés. Chez les Caraïbes, les braves sont l'objet de faveurs, les lâches sont punis. Dans ces diverses croyances se manifeste une conception morale un peu spéciale ; la force est la vertu par excellence, le sang versé l'action la plus noble, l'idéal qui est récompensé ici ne mérite pas à proprement parler le titre de moral. Les grands guerriers et les hommes habiles, comme tout à l'heure les grands chefs, conservent dans l'autre monde le prestige dontils jouissaient ici-bas.

Il semble bien dès lors que l'idée de sanction morale ne se trouve pas dans ces croyances il convient toutefois de faire observer, et nous le verrons plus loin, que c'est moins l'idée de rétribution qui fait défaut que la notion vraie de la morale. Les non-civilisés, lorsqu'ils imaginent un paradis, y font entrer ceux que leur grossière morale leur fait croire être les meilleurs.

D'ailleurs, les écrivains de l'antiquité ne sont pas toujours plus explicites sur ce point. Sans doute, dans l'*Iliade* (2), les dieux punissent les faux serments, mais c'est là de leur part plutôt vengeance que rétribution. L'Hadès que décrit l'*Odyssée* contient des ombres qui prolongent, dans des conditions nouvelles, leur vie d'ici-bas. Minos juge les différends qui s'élèvent entre

(1) *Op. cit.*, t. VI, p. 78.
(2) *Iliade*, iii, 276.

les morts (1). Orion immole des monstres, etc... Il est vrai que Titius est rongé éternellement par deux vautours, que Tantale souffre d'atroces douleurs, que Sisyphe est puni ; mais c'est moins la faute commise que l'outrage fait aux dieux qui est vengé. « S'il est question des peines futures, c'est d'une manière accidentelle et pour montrer des êtres poursuivis par la colère des dieux, d'une hostilité personnelle et dont le châtiment est sans aucun rapport avec une expiation véritable. C'est là tout au plus, si l'on veut, le premier germe de la croyance aux sanctions futures, germe qui ne se développera et ne se vulgarisera que beaucoup plus tard. Il faudra deux ou trois siècles, l'influence des mystères et de la philosophie, pour que l'esprit grec parvienne à une conception morale de la vie future, comme celle que l'on trouvera exposée dans Platon par exemple (2) »

Les actes punis sont des actes contraires à la volonté des dieux sans doute, mais ces actes ne méritent pas le nom de fautes, étant le plus souvent involontaires ; la morale ici vengée, semble donc surtout théologique ou plutôt rituelle, conçue en fonction des divinités et comme émanant d'elles (3) ; chez les Égyptiens euxmêmes, la confession faite devant Osiris est plus une cérémonie religieuse qu'une épreuve morale, et le patient qui y répond par des formules prévues, quelles que soient ses actions, est admis à la vie heureuse ; on ne saurait y voir une vraie rétribution morale des actes bons ou mauvais.

Il est cependant, même chez les non-civilisés, des idées plus nettes sur les récompenses futures. Les habitants

---

(1) Et non comme on a fait dire à Homère, ceux qui sont dignes ou non du bonheur de l'Hadès. Ce rôle de Minos juge des actions des hommes se trouve dans Virgile. Cf. sur ce point l'excellent chapitre v de BENJAMIN CONSTANT, t. IV. *De l'enfer de Pindare comparé à celui d'Homère et d'Hésiode.* Les textes classiques sur les sanctions d'outre-tombe se trouvent colligés et critiqués dans L. RUHL, *De mortuorum judicio.* Giezen. Töpelmann, 1903.

(2) A. CROIZET, *La civilisation de l'âge homérique, loc. cit.*

(3) On trouverait des idées analogues dans l'Inde védique, cf. OLDENBERG, *op. cit.*, p. 244 sq., chez les Grecs, (cf. ESCHLLE et SOPHOCLE,) pour les sauvages cf. *La Religion des non-civilisés*, ch. VI. *Les Tabous.*

de la Floride, par exemple, pensent que ceux qui ont bien servi fidèlement le Soleil et fait en son honneur de nombreuses offrandes aux pauvres, sont heureux après la mort ; les méchants, au contraire, mènent une vie misérable. Les nègres de Guinée étaient jugés en arrivant à la rivière de la mort, s'ils ont observé les jours consacrés à leurs dieux, s'ils se sont abstenus de toutes les viandes défendues, ont observé leur parole, ils entrent en paradis ; dans le cas contraire, ils meurent à jamais. Les Dayaks de Bornéo auraient des idées semblables. Dans l'Afrique occidentale, on rencontre chez les Nuffis, la croyance que les criminels non punis ici-bas, le seront dans l'autre monde. Les Yombas, les Krus, les Ojis ont des convictions analogues. On retrouve enfin des idées semblables chez les Hurons, les Salishs de l'Orégon, etc., A vrai dire, ces doctrines ont parfois une précision qui sent l'emprunt, quelques-unes sont l'écho d'un enseignement ou d'une croyance plus élevés ; le bouddhisme et le christianisme ont eu souvent une influence dont il est difficile après coup de déterminer la sphère ; elles ont pu aussi, d'ailleurs, naître spontanément dans la réflexion sur la vie. En tous cas la morale que la vie future sanctionne est, le plus souvent, pour ces peuples, fruste et rudimentaire (1).

Ne nous en étonnons pas. On sait que dans la religion égyptienne, qui par certains côtés est si élevée, c'est souvent, nous l'avons dit, par une simple formule magique, dite en temps opportun, que l'on conquiert un bon jugement. Il ne faut pas nous scandaliser de ces lacunes et de ces ignorances dans des âmes qui n'ont pas pleinement joui comme nous, du bienfait de la Révélation et dans des esprits où l'imagination domine la raison. L'enfer si complet de Virgile (2) ne s'est point fait tout d'un

---

(1) M. STEINMETZ a soutenu, contre TYLOR et MARILLIER, que les sanctions de la vie future chez les sauvages même les plus barbares ont à leur base un idéal moral. Il nous semble que c'est un peu jouer sur les mots : disons que pour ceux qui admettent une rétribution si grossière soit-elle, il y a au fond de leur jugement une idée de justice : mais ajoutons que la rétribution s'opère suivant *leur* conception de la morale, et non suivant la vraie morale.

(2) Cf. *Enéide*, liv. VI. Le sort des bienheureux et des coupables est déjà presque chrétien. Cf. BOISSIER, *loc. cit.*

coup ; il porte les traces des efforts de la pensée philoso-
phique de plusieurs siècles. Chez le peuple de Dieu lui-
même, si nous en croyons Bossuet, cette croyance mit du
temps à se faire jour. « Encore que les Juifs eussent dans
les Écritures quelques promesses de félicité éternelle et
que vers le temps du Messie où elles devaient être décla-
rées, ils en parlassent beaucoup davantage, comme il
paraît par les livres de la Sagesse et des Machabées, toutefois cette vérité faisait si peu un dogme formel et uni-
versel de l'ancien peuple, que les saducéens sans la
connaître, non seulement étaient admis dans la syna-
gogue, mais encore élevés au sacerdoce. C'est un caractère du peuple nouveau de poser pour fondement de la
religion, la foi de la vie future et ce devait être le fruit
de la venue du Messie(1). » On comprend dès lors, qu'en
ce qui concerne la vie future chez les sauvages, nous
n'abordions pas de nouveau le problème des traces de
la révélation primitive.

L'esprit humain, abandonné à ses propres forces, tout
capable qu'il est de concevoir la survie de l'âme, d'ima-
giner grossièrement sa nature, de pressentir même les
récompenses et les punitions d'outre-tombe, ne le fait
pas sans mêler à ces espérances toutes les fantaisies
d'une imagination sans frein ; il ne se dégage que peu
à peu de ces conceptions barbares et c'est lentement, à
tâtons, après de longs détours, qu'il fait quelques progrès.

On comprend mieux après cette étude sur les non-
civilisés, ce que la Révélation a apporté de netteté, de
fermeté et de certitude à nos espérances même les plus
naturelles. Toutefois, il serait injuste de dire que dans
aucune religion on ne trouve une idée claire de la vie
future ; sans parler ici de l'Égypte, du Védisme ou du
Bouddhisme, ni des religions classiques, citons, en ter-
minant, cette belle page du Hadhokht Yasht, sur le
jugement dans la religion de Zoroastre. L'âme du juste
a passé trois jours auprès de son cadavre. « A la fin de

____

(1) BOSSUET, *Discours sur l'histoire universelle*, l. II, ch. XIX. Cf.
sur cette même question, TOUZARD, *Revue biblique; Le développement
de la doctrine de l'immortalité*, 1er avril 1898, et LODS, *La croyance
de la vie future et le culte des morts dans l'antiquité israélite*. 2 vol.
Paris, 1906.

la troisième nuit, à l'aube, l'âme du juste se croit portée parmi les plantes et les parfums, et il lui semble que de la région du midi souffle un vent parfumé, le plus délicieux de tous les vents... Et dans cette brise il croit voir s'avancer sa propre Religion (1). Sous la forme d'une belle jeune fille, brillante, aux bras blancs, forte, haute et droite de taille, aux seins relevés, au beau corps, noble et d'un sang illustre, dans le port de la quinzième année, et belle à l'égal des plus belles créatures qui soient. Et l'âme du juste lui demande : « Qui es-tu, ô vierge, la plus belle vierge que j'ai jamais vue ? » Et elle, qui est sa Religion à lui-même, lui répond : « Jeune homme aux bonnes pensées, aux bonnes paroles et aux bonnes actions, à la bonne Religion, je suis ta propre Religion. Chacun t'aimait pour la grandeur, la bonté, la beauté, le parfum et la force triomphante que tu trouves en moi. Quand tu voyais un homme qui faisait dérision, se livrait à l'idolâtrie, refusait la charité et mettait son blé sous clef, tu t'asseyais en chantant les Gâthas, en sacrifiant aux Bonnes Eaux, au Feu d'Ahura Madza, et en réjouissant le juste, qu'il vînt de près ou de loin. Aimée, tu m'as faite plus aimée ; belle, tu m'as faite plus belle ; désirable, tu m'as faite plus désirable. J'étais assise au premier rang, tu m'as fait asseoir plus avant encore par tes bonnes pensées, tes bonnes paroles, tes bonnes actions. Et désormais les hommes m'adoreront, moi, Ahura Madza, longtemps adorée de toi et par toi interrogée (2) ». Le juste fait alors trois pas, au quatrième il est porté dans la lumière infinie. — Des pensées si élevées font oublier toutes les sottises dont l'esprit humain a cru devoir parer, en des âmes barbares, sa conception de la vie future, toutes les fantaisies par lesquelles il a précisé ses espérances d'outre-tombe, chez des peuples de moindre culture morale.

(1) V. Henry : « son ange gardien ». M. Ménant explique « l'incarnation de ses œuvres bonnes ou mauvaises » (*Les Parsis*, p. 196).
(2) La traduction est de V. Henry, *Le Parsisme*, p. 204.

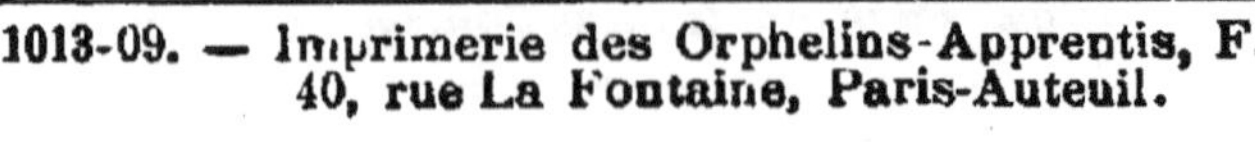

1013-09. — Imprimerie des Orphelins-Apprentis, F. Petit, 40, rue La Fontaine, Paris-Auteuil.

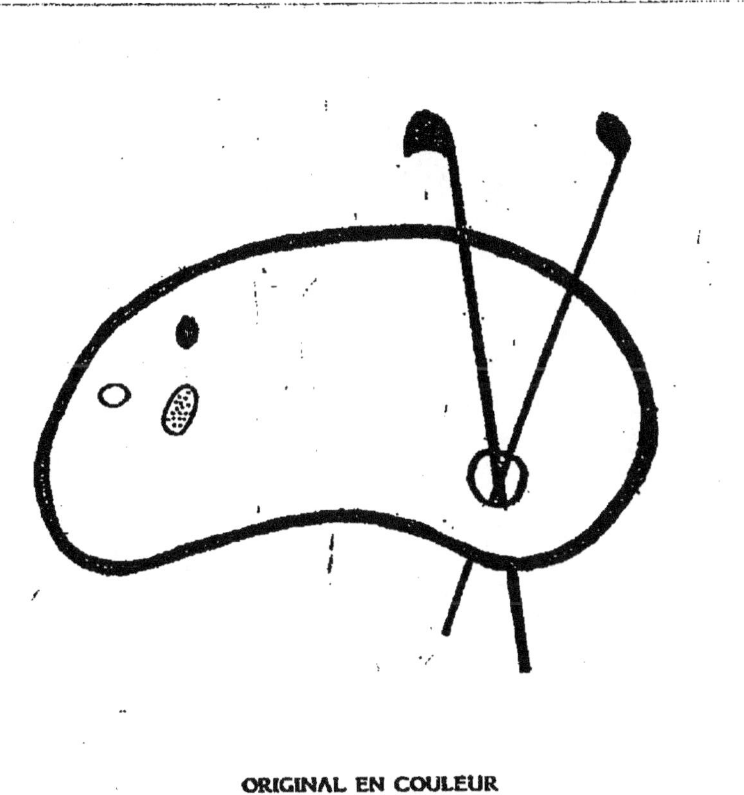

ORIGINAL EN COULEUR
NF Z 43-120-8